Rose Marie Donhauser
Gitta Eckert

Brotback-automat

Jung... Frech... Witzig... Verrückt...

LUDWIG

Inhalt

Täglich frische Brote mit köstlichem Belag.

4 Vorwort

6 Backen aus Lust und Liebe

12 Jung – knusprige Kreationen

14 Kichererbsenbrot mit Kreuzkümmel & Sesamaufstrich mit Joghurt
15 Orangen-Schinken-Honigbrot & Liptauer
16 Salamibrot mit Silberzwiebeln & Bohnengemüse
17 Tomatenbrot mit Kräutern & Fetakäsecreme
18 Apfel-Speck-Brot & Walnussbutter mit Schinken
19 Röstzwiebelbrot mit Bier & Röstzwiebelfrikadellen
20 Pestobrot & Toskanisches Brotmus
21 Ajvarbrot & Sauerkrautaufstrich
22 Sonnenblumenbrot mit Käse & Caesars Salat
23 Scharfes Kartoffelbrot mit grünem Pfeffer & Gulaschsuppe
24 Kohlbrot mit Sahne & Ramquin mit Kohlbrot
25 Rucolabrot mit Walnüssen & Gittas Brotaufstrich
26 Sechskornbrot mit Hüttenkäse & Tomatensuppe mit Gin
27 Nohrs Schwarzbrot mit Körnermischung & Räucherfisch mit Kräutern
28 Fonduebrot mit Brühe & Kaaspott aus Holland
29 Müslibrot mit Ballaststoffen & Nussiger Bananenquark
30 Schnittlauchbrot mit Sesam & Gurkenaufstrich
31 Quarkbrot mit Frühlingszwiebeln & Currysuppe mit Mandeln
32 Diätbrot mit Leinsamen & Wirsingsuppe »Bauch weg«
33 Glutenfreies Vollkornbrot & Zuckersüße Vollkornritter
34 Glutenfreies Frühstücksbrot & Überbackene Frühstücksbrote
35 Rosinchen & Gratinierte Birnen auf Rosinchen
36 Roggenbrot nach Oma Lene & Überbackene Roggenbrote
37 Wohlfühlbrot & Wohlfühlbrot nach Hawaiiart

38 Frech – innovative Backideen

40 Petersilien-Zitronen-Brot & Lachs in der Folie
42 Texasbrot mit Seasoning Mix & Guacamole von Tom
43 Ketchupbrot & Ziegenkäsepfanne mit Gemüsen
44 Pfirsichbrot mit Safran & Aprikosenchutney mit Pfirsichbrot
45 Pistazien-Huhn-Brot & Buntes Gemüse aus dem Wok
46 Sherry-Oliven-Brot & Spanischer Romanasalat

Das Nachfolgemodell des SD250 der Firma Panasonic ist der SD251.

47 Simple Low-Fat-Brot & Selbst gemachter Quark
48 Senfkörnerbrot mit Schinken & Sauerkraut mit Kasseler
49 Pizzabrot mit Champignons & Bagna Cauda (Italienisches Gemüsebad)
50 Husumer Krabbenbrot & Gelber Matjessalat mit Äpfeln
51 Schafskäse-Oliven-Brot & Pfannengeschnetzeltes nach Gyrosart
52 Mischbrot mit Kräutercroutons & Kräuteraufstrich mit Käse
53 Knofelbrot mit Oregano & Grüne Mayo
54 Schmandbrot mit Kreuzkümmel & Arabischer Lammhackfleisch-Eintopf
56 Tapenadebrot mit Oliven & Ratatouille
57 Quarkbrot mit Mais und Erbsen & Einfaches Lachstartar
58 Norweger-Lachsbrot & Gurkensalat mit Norweger-Lachsbrötchen
59 Hollandske Kaas-Weinbrot & Käse-Gemüse-Fondue

60 Verrückt – aber mit neuem Gusto

62 Grünes Blubb-Brot & Schinkencreme
63 Maggi-Kult-Brot mit Suppengemüse & Kartoffelsuppe mit Maggibrot
64 Fondorbrot à la Heide & Rotes Käsefondue mit Fondorbrot
65 Kefir-Gurkenbrot & Gelbe Paprikasuppe
66 Dinkelbrot mit Artischocken & Salat mit Pute und Brotstäben
67 Nutellabrot & Schokosahneplätzchen
68 Proseccobrot mit Parma & Überbackenes Proseccobrot
69 Caros Zuckerrübenbrot mit Banane & Erdbeermascarpone mit Zuckerbröseln
70 Cornflakesbrot mit Gelüsten & Rosinenjoghurt
71 Vollkornbrot mit getrockneten Tomaten & Gemüseauflauf mit Vollkornkrusteln
72 Südamerikanisches Quinoabrot & Gemüse vom Blech
73 Früchteteebrot mit Kokos & Birnen mit Käsecreme auf Früchteteebrot
74 Chilibrot mit Aprikosen & Hähnchen-Maisburger
75 Parmesanbrot mit Italokräutern & Peperonata aus Sizilien

76 Ideen für witzige Kuchen

78 Baileys-Kuchen mit Nutella
79 Caipirinha-Kuchen à la Tom
80 Tiramisu-Kuchen
81 Rotweinkuchen mit Granatapfelkernen
82 Schokiger Pfefferminzkuchen
82 Amarettokuchen mit Marzipan
84 Kirschkuchen à la Macarena
85 Glutenfreier Maiskuchen mit Whiskeyfahne

86 Backautomat und -ofen kombiniert

87 Täglich neue Ideen erproben
88 Glutenfreie Sahnehörnchen
89 Glutenfreier Pizzateig
89 Ciabatta mit Oregano
90 Gerstenpizzateig
91 Fladenbrot

92 Impressum/Bildnachweis
93 Register

Vorwort

Brot gehört zu unseren wichtigsten Nahrungsmitteln – deshalb sollten wir ihm besonders viel Aufmerksamkeit widmen.

Sie haben schon länger eine Brotbackmaschine oder gerade eben eine solche in Betrieb genommen? Glückwunsch – eine bessere Entscheidung konnten Sie nicht treffen. Und zwar aus vielerlei Gründen, die wir Ihnen mit Freude in unserem Buch erläutern möchten.

Unser täglich Brot

Es gibt immer genug Zeit, um miteinander zu essen und zu plaudern.

In Deutschland ist die Auswahl an Brotsorten so mannigfaltig, dass man sich vielleicht die Frage stellen könnte, warum man sich dann auch noch zu Hause die Mühe machen sollte, Brot zu backen. Doch Sie kennen das Gefühl, man kauft immer dieselben Sorten, meist beim gleichen Bäcker – und irgendwann wird es geschmacklich langweilig und eintönig. Warum? Weil Brot das Grundnahrungsmittel Nummer eins ist, das wir täglich vom Frühstück an, in Pausen, zu Mittag im Büro, nachmittags für den kleinen Hunger und als Abendmahlzeit verzehren. Dick belegt, versteht sich, aber trotzdem kann so etwas wie »Brot-Langeweile« aufkeimen. Abgesehen von einer gewissen Alltäglichkeit, die gekauftes Brot leicht bekommt, ist es sehr aufschlussreich, sein eigenes Brot zu backen. Denn nur dann weiß man einfach, was drin ist. Dieses Argument überzeugt in letzter Zeit immer mehr Verbraucher, nicht nur wieder selbst den Kochlöffel zu schwingen, sondern auch das eigene Brot zu backen.

Bewusst kochen

Ausgelöst von den jüngst geschehenen Lebensmittelskandalen, die die Verbraucherwelt – durch BSE und MKS – zur Hinterfragung der Produkte sensibilisiert haben, gehen viele Menschen viel bewusster mit der

Ernährung um. Die Verbraucher lesen so aufmerksam wie noch nie die auf den Lebensmitteln angegebenen Inhaltsstoffe. Fazit: Der Backboom ist ausgebrochen ...

Neue Erkenntnisse und Rezeptvariationen

Unser erstes Buch »Brotbackautomat, über 70 Gourmetrezepte«, erschienen im Ludwig Verlag, ist ein genussträchtiger Dauer(b)renner und zog zwangsläufig die Frage nach einer Fortsetzung mit sich. Nun ist unser neues, knuspriges Backwerk quasi als »Nachschlag« erschienen.

Für jeden Geschmack

Wir haben gekostet, getestet, gebacken, abgeschmeckt und stellten dabei fest, dass das Grundprodukt Brot es »mit allen kann« – angefangen von Gewürzen, Fleisch, Fisch, Kräutern, Samen, Pilzen bis hin zu Gemüsen. Also buken wir unsere kulinarischen Lieblinge alle ins Brot. Teilweise gewagt, ziemlich frech und oftmals verrückt. Unser spinatiges Blubb-Brot, Fondorbrot oder unser Chilibrot mit Aprikosen wurden uns förmlich aus den Händen gerissen ...

Rezepte für Allergiker

Für Weizenmehlallergiker, die an der Krankheit Zöliakie leiden, haben wir dieses Mal mehrere Rezepte im Buch – und zudem Anregungen für kreative Backwaren. Dadurch kommen auch jene in den Genuss unserer köstlichen Brote, die herkömmliches Mehl besser meiden sollten.

info

Verwendet haben wir für alle Rezepte die Brotbackmaschine SD251 von Panasonic, aber natürlich können Sie auch mit anderen Fabrikaten hervorragende Ergebnisse erzielen. Halten Sie sich auf jeden Fall an die mitgelieferten Herstellerangaben.

Viel Spaß beim Backen

Wir sind absolut sicher, dass Sie von unseren innovativen Broten und Kuchen begeistert sein werden. Natürlich haben wir auch brave, einfache Brotrezepte notiert, aber immer ein bisschen frech angehaucht. Langeweile wird also bestimmt nicht aufkommen. Morgens mit frischem Brotduft aufgeweckt zu werden, da kann der Tag nur gut werden. Und es ist so leicht, die Zutaten vorzubereiten, in die Maschine zu geben und zu programmieren. Täglich neu können Sie sich auf den Rezeptseiten inspirieren lassen.

Ohne großen Aufwand zu den herrlichsten Brotgenüssen – der Brotbackautomat macht's möglich.

Köstlicher Duft zieht durch die Küche: Frisches Brot selbst gemacht, aber bitte mit wenig Aufwand.

Backen *aus* Lust und Liebe

Die Qual der Geräteauswahl können wir Ihnen nicht abnehmen. Wir haben mit dem neuen Modell SD251 von Panasonic gebacken. Es besteht die Wahl für die Brotgrößen M (mittel), L (groß) oder XL (extra groß). Wir haben durchgehend die Rezepte mit Größe L für ein fertiges Brot mit ca. 750 Gramm gebacken. Es ist ausreichend für einen 4-Personen-Haushalt und gibt Zweier- und Singlehaushalten die Möglichkeit, auf Vorrat zu backen. Dazu frisches Brot in Scheiben schneiden, portionsweise in Alufolie wickeln und in das Tiefkühlgerät geben. Entweder am Abend vorher für das Frühstück herauslegen oder im gefrorenen Zustand scheibenweise in den Toaster geben.

Lieber dunkles oder helles Brot?

Wer dunkle Mehle zum Backen bevorzugt, sollte wissen, dass die normal verwendete Hefe, ob Trocken- oder frische Hefe, nicht stark genug ist, um das gesunde, reich vorkommende Eiweiß im vollen Korn aufzulockern. Im Gegenteil – nimmt man Hefe und Vollkornmehl – wird das Brot kompakt und geht nicht auf. Unser Tipp daher, wenn Sie dunkles Brot backen, immer mit Sauerteigzusatz arbeiten. Nur dieser »kleine Säuerling« ist stark genug, um das Eiweiß zu erschließen und gibt zudem einen pikant säuerlichen Geschmack und eine saftige Konsistenz.
Sie bekommen flüssigen Sauerteigextrakt portionsweise abgepackt in jedem Reformhaus. Sollten Sie allerdings mit unserem Buch so viel Lust zum Backen und auch auf Gesundheit bekommen, empfehlen wir folgendes Hausrezept:

Selbst gemachter Sauerteig

Zutaten

150 g Mehl
1 Päckchen Trockenhefe
1/4 l lauwarmes Wasser

1 Das Mehl in eine Schüssel sieben und mit dem Handrücken eine Mulde darin formen. Die Trockenhefe in die Mulde rieseln lassen und mit Wasser begießen.
2 Mit einem Schneebesen, beginnend in der Mitte, die Mehlmischung kräftig verrühren und dabei das Mehl vom Rand langsam einbeziehen.

Ohne Hefe geht das Brot im Brotbackautomaten nicht auf. Sie ist ein unverzichtbarer Bestandteil des Brotteigs.

Ob frische oder Trockenhefe spielt keine große Rolle. Entscheidend ist die richtige Dosierung.

3 Diese flüssige Mischung mit einem Küchentuch abdecken, an einen warmen Ort stellen und etwa drei Tage ruhen lassen.

Hefe – das Zauberwort in der Brotbackmaschine

Wer keine Hefe verträgt, hat mit einem Brotbackautomat keinen Spaß, denn jedes Rezept beinhaltet das Lockerungs- und Triebmittel Hefe. Wir verwenden einfachheitshalber immer Trockenhefe, weil sich diese problemlos im Küchenschrank lagern lässt und immer griffbereit zur Verfügung ist. Natürlich können Sie mit frischer Hefe arbeiten, dabei aber die Mengenangaben beachten. Aufgrund backtechnischer Erfahrungen entschieden wir uns für alle Rezepte durchwegs für ein Päckchen Trockenhefe (Größe L) für 550 Gramm Mehl.

Neben dem Messbecher ist die Küchenwaage bei den Vorbereitungen das wichtigste Utensil.

Tipps aus der Praxis – für gutes Gelingen

Wie eine Brotbackmaschine funktioniert, wissen alle, denn in den Gebrauchsanweisungen der jeweiligen Maschinen ist es ausführlich erläutert. Also bieten wir Ihnen stattdessen nützliche Tipps aus der Praxis. Gitta Eckert, die Chefbäckerin in diesem Buch, hat sich erst vor einem Jahr als absoluter Neuling mit dieser Maschine auseinander gesetzt – und ist mittlerweile vollkommen von diesem »Backwunder« infiziert. Von ihr stammen die Tipps.

Vorbereitungen

- Zuallererst: Keine Hektik, keine Termine – in Ruhe das Rezept lesen.
- Die Küchenwaage stellen Sie am besten auf ein großes Tablett, damit beim Abwiegen nicht die ganze Küche »bemehlt« wird.
- Einen Messbecher, mit das wesentlichste Utensil für die Brotbackmaschine, bereitstellen.

- Ein Wiegemesser bereitlegen. Es geht damit schneller, die Lebensmittel »klitzeklein« zuzubereiten, und Sie können dadurch auf einen Pürierstab verzichten.
- Chronologisch arbeiten, alle Zutaten fürs Backen der Reihe nach vorbereiten.
- Die Form der Maschine aufstellen, Knethaken aufstecken und eine »Ehrenrunde« damit drehen, um sicherzustellen, dass alles funktioniert.
- Beim Zugeben der Zutaten in die Backform unbedingt die Reihenfolge einhalten. Immer mit Trockenhefe beginnen und sie rund um den Knethaken streuen. Darauf Mehl häufen und erst dann, wenn angegeben, Salz hinzufügen. Würden Sie z. B. das Salz zusammen mit der Trockenhefe in die Form geben, würde das Brot (höchstwahrscheinlich) beim Backen nicht aufgehen, da Salz die Aktivität der Hefe zerstört. Die Flüssigkeit kommt zuletzt über alle Zutaten.
- Sollten Sie eine Backmaschine von einem anderen Hersteller besitzen, kann die Reihenfolge der Zutaten auch anders herum sein, d. h. zuerst die Flüssigkeit, Würzzutaten, Mehl und am Schluss die Hefe. Also unbedingt der Gebrauchsanweisung Ihres Fabrikats Folge leisten.

So gelingt das Brot

Wenn man sich so intensiv wie wir mit dem Brotbacken in der Brotbackmaschine auseinander setzt, möchte man insbesondere Anfängern zahlreiche Tipps mit auf den Weg geben, zumal es schlicht nicht notwendig ist, jede Erfahrung unbedingt selbst machen zu müssen…

- Mit den Backwaren erzielen Sie eine hervorragende Qualität, wenn Sie der Zutatenliste akkurat folgen. Etwaige Abweichungen, speziell beim Mehl-Flüssigkeits-Verhältnis, könnten zu unbefriedigenden Ergebnissen führen.
- Ebenso verhält es sich mit den angegebenen Programmen für unsere Rezepte: Lieber keine Experimente wagen, sondern auf die Einstellungen der Maschine besonders große Sorgfalt legen.
- Wenn das Brot fertig ist, piept der Automat. Auf die Taste Stopp drücken und das Brot ruhig noch 10 Minuten in der Maschine ruhen lassen, bevor Sie es herausnehmen und in der Form weitere 10 Minuten stehen lassen.

info

Unsere Backerfahrung nach über 150-mal Backen hat gezeigt, dass die Qualität des Vermischens und Knetens ganz hervorragend wird, wenn man den größeren Haken verwendet.

Mit unseren Tipps gelingen Ihre Brote mit Garantie. Ganz wichtig: Halten Sie sich an die Mengenangaben der Rezepte.

Frisches Brot ist empfindlich. Vermeiden Sie Zugluft, und warten Sie mit dem Anschneiden, bis es abgekühlt ist.

- Erst dann stürzen, damit das Brot herausfällt, und sofort nachsehen, ob der Knethaken in der Form ist oder im Brot steckt. Die Form mit dem Knethaken in die Spüle stellen, Wasser einlaufen lassen und ein mildes Spülmittel hinzufügen.

Anschneiden und Aufbewahren

- Während der Abkühlphase des backautomatenfrischen Brotes keine Türen oder Fenster öffnen. Das Brot würde sonst »einbrechen«.
- Besonders Weizenmehlbrote sind nach dem Herausnehmen noch »feucht« vom Backen und würden beim sofortigen Anschneiden zu sehr am Messer kleben oder schmieren. Also speziell bei diesen Sorten auf jeden Fall einige Stunden mit dem Anschneiden warten.
- Unsere Erfahrung hat gezeigt, dass sich Brot aus dem Brotbackautomaten erst nach einigen Stunden optimal schneiden lässt, also immer ruhen lassen.
- Wenn Sie also für das Abendessen unser tolles Pestobrot servieren möchten, sollte es möglichst schon um 15 Uhr, eingehüllt in Stoffservietten oder in einem Brotbeutel, lagern.
- Zum Anschneiden am besten ein großes Messer mit scharfer Klinge, ein spezielles Brotmesser mit Wellenschliff oder ein elektrisches Messer verwenden.
- Wenn Sie fertiges Brot nicht auf einmal verbrauchen können, frieren Sie einfach frisch geschnittene Scheiben portionsweise ein. Bei sanftem Auftauen schmeckt es wie frisch aus der Maschine.

Optimaler Gebrauch des Brotbackautomaten

- In den Gebrauchsanweisungen der Brotbackautomaten steht, dass man das zweite Brot oder Kuchen erst nach einer Abkühlphase des Gerätes von mindestens 1 1/2 Stunden backen kann, doch da man in der Regel ohnehin nur ein Brot pro Tag bäckt, fällt diese Regel üblicherweise nicht ins Gewicht. Dennoch kann es vorkommen, dass der Automat mehr als üblich beansprucht wird, beispielsweise wenn eine Party oder ein Brunch angesagt ist.
- Nach unserer Erfahrung kühlt der Automat schneller ab, wenn der Deckel offen bleibt. Wir haben zum Teil bereits nach einer knappen Stunde den Betrieb fortgesetzt.

- Auf der Programmtafel des Brotbackautomaten ist die Einstellung der Bräunung »dunkel, mittel oder hell«. Die Bräunung beim Vollwertbrot regelt sich von alleine
- Beim Programm »Roggenbrot« kann keine Größe programmiert werden, es erfolgt automatisch.

Zutaten richtig einsetzen

- Bei Zugabe von frischen Zutaten wie Rucola, Garnelen, Kräutern, Salat, Käse, die zügig verarbeitet werden sollten, nicht mit dem »Langzeitprogramm« arbeiten.
- Bei der Zugabe von frischem Chili möglichst mit Gummihandschuhen arbeiten. Das scharfe ätherische Öl »Capsaicin« ist nicht wasserlöslich und brennt höllisch.
- Beim Kauf der verschiedenen Mehlsorten bitte unbedingt genau auf die Typenbezeichnung achten. Sie bezieht sich auf den Ausmehlungsgrad des Getreides.
- Bei Verwendung von Samen und Nüssen: Kalt und geröstet bedeutet in der Zutatenliste von Rezepten: Samen in beschichteter, heißer Pfanne so lange rösten, bis sie duften. Herausnehmen und auf einem Teller abkühlen lassen.

Der Zeitfaktor

Mit der Zeit bekommt man das Gefühl für den Umgang mit der Brotbackmaschine. Wann backe ich welches Brot, welches kann programmiert werden und welches nicht. Dazu einige »Eckert-Tipps«.

- Ein »schnelles Brot« mit Weizenmehl dauert 1,55 Stunden. Diese Einstellung ist nicht programmierbar.
- Ein »normales Brot« mit Weizenmehl dauert vier Stunden. Sie können es programmieren.
- Ein »Vollwertbrot schnell« dauert drei Stunden – Nicht programmierbar:
- Ein »Vollwertbrot« fünf Stunden – programmierbar.
- Ein »Roggenbrot« dauert 3 1/2 Stunden – nicht programmierbar.
- Arbeiten mit dem Teigprogramm dauern 2,20 Stunden und sind nicht programmierbar.
- Unmittelbar nach der Fertigstellung des Teiges diesen aus der Maschine nehmen und sofort weiterverarbeiten.

Beim Anschneiden erkennt man gleich, ob das Rezept gelungen ist.

Wie lange ein Brot backen muss, ist ein Erfahrungswert. Hier einige Richtlinien.

Genussvoll schlemmen: Klassiker, neu entdeckt und variiert, und ungewöhnliche Brotideen.

Jung – *knusprige* Kreationen

Morgens vom frischen Brotduft geweckt zu werden – da kann der Tag nur gut werden... Und so leicht ist es, die Zutaten vorzubereiten, in die Maschine zu geben – und zu programmieren. Läuft sich Ihre Maschine erst einmal warm, dann ist das »Backfieber« ausgebrochen. Und täglich neu können Sie sich auf den Rezeptseiten geschmacklich orientieren und inspirieren lassen. Worauf wir besonders stolz sind, ist die Kombination von Broten und einem dazu passenden Rezept – entweder als Belag, als Beilage oder zur Weiterverarbeitung des Brots.
Die Rezepte in diesem Kapitel haben wir »verjüngt« und ihnen ein knuspriges Outfit zum Reinbeißen verliehen. Dazu wurden Klassiker wie beispielsweise Roggenbrot nach Oma Lene einfach unter neuen Geschmacksaspekten und mit Hilfe der automatischen Handhabung auf neue Art abgewandelt. Und es ist gar nicht abwegig, alles, was man besonders gerne mag, in das zu backende Brot zu integrieren. Besonders Kindern kann man damit Freude und Lust auf gesunde Küche machen. Sie werden sehen, wie begeistert Kinder zupacken, wenn es heißt: Was für Brot möchtest du denn gerne backen?

Spaß für Kinder und Erwachsene

Na ja – erst einmal die Bestandsaufnahme, welche Lebensmittel von Kindern (und Erwachsenen) besonders geliebt werden. Spaghetti beispielsweise kann man nicht reinbacken, aber die Bolognese Sauce, die sonst dazugehört. Pizza geht auch nicht, aber sämtliche Zutaten, die darauf liegen: von Pizzagewürz, Peperoni, Käse, Schinken, Champignons bis hin zu Würstchen und sogar Meeresfrüchten.

Folgen Sie bei allen Rezepten der angegebenen Reihenfolge, dann gelingt Ihr Brot bestimmt.

Die Würze macht's

Und – noch ein Tipp – sehen Sie sich Ihr Gewürzregal mal genauer an. Wie viele Gewürze stehen oft stiefmütterlich seit geraumer Zeit ungenützt im Regal? Der Brotteig ist dankbar für jede Würze, ob Anis, Beifuß, Dillkraut, Estragon, Herbes de Provence oder Ingwer. Auch hier gilt die Devise: Trauen Sie sich, und Sie werden einen grenzenlosen Brotbackspaß entwickeln.
Für all die phantasievollen Brote auf den nächsten Seiten wird immer Brotgröße L vorausgesetzt.

Der Phantasie sind beim Brotbacken keine Grenzen gesetzt. Probieren Sie doch einmal die pikante Variante!

Kichererbsenbrot mit Kreuzkümmel

Ein bisschen exotische Würze gefällig? Chili, Ingwer, Curry und Kreuzkümmel sorgen für eine ungewöhnliche Note.

Zutaten

1 Päckchen Trockenhefe
350 g Weizenmehl Type 405
150 g Kichererbsenmehl (Asienladen, ersatzweise Erbsenmehl aus dem Reformhaus)
1 TL Salz
1/4 TL gemahlener Knoblauch
1/4 TL grobes Chilipulver
1/4 TL gemahlener Ingwer
1/4 TL gemahlener Curry
1 TL schwarzer Kreuzkümmel
1 EL Sesamsamen
320 ml Wasser

Programm: normal
Brot/Teigtyp: Brot schnell
Bräunung: mittel

Zum Kichererbsenbrot mit Kreuzkümmel passen: Knoblauchgarnelen, Currygerichte, Chili con Carne, würzige Grillgerichte.

...dazu passt

Sesamaufstrich mit Joghurt

Sesampaste erhalten Sie in orientalischen und asiatischen Läden.

Zutaten für 4 Portionen

1/2 Bund glatte Petersilie
1 Knoblauchzehe
100 g Sesampaste
Saft von 1/2 Zitrone
150 g Naturjoghurt
1 Msp. Cayennepfeffer
Salz
Schwarzer Pfeffer
1/2 TL gemahlener Kreuzkümmel

Zubereitungszeit: 20 Minuten

1 Die Petersilie waschen, trockenschwenken, von den Stielen zupfen und hacken. Die Knoblauchzehe abziehen und fein würfeln.

2 Die Sesampaste mit Zitronensaft und Joghurt gründlich verrühren. Petersilie, Knoblauch, Cayennepfeffer, Salz, Pfeffer und Kreuzkümmel untermischen.

3 Abschmecken und mit dem Kichererbsenbrot servieren.

Orangen-Schinken-Honigbrot

Eine raffinierte Geschmackssymbiose aus fruchtigen, würzigen, süßen und pikanten Zutaten. Thymian und Walnussöl geben diesem Brot Aroma.

Zutaten

1 Päckchen Trockenhefe
200 g Roggenmehl Type 1150
(Type 997 ist das gleiche Mehl)
300 g Weizenmehl Type 550
1 TL Salz
3 EL Honig
1 TL getrockneter Thymian
1 EL Walnussöl
150 g fein gewürfelter Kochschinken
100 ml Orangensaft
200 ml Wasser

Programm: Vollwert
Brot/Teigtyp: Brot schnell

Zum Orangen-Schinken-Honigbrot passen: Quark, Käse, gemischte Salate, Gemüsesuppen, Butter mit frischen Kräutern und Sprossensalate.

dazu passt…

Liptauer

Zutaten für 4 Portionen

2 Zwiebeln
1 Bund Schnittlauch
50 g eingelegte Kapern
250 g Sahnequark
1 Becher saure Sahne
Salz
Schwarzer Pfeffer
1 Msp. gemahlener Kümmel
1 Msp. gemahlene Nelken
1/2 TL edelsüßes Paprikapulver

Zubereitungszeit: 20 Minuten

1 Die Zwiebeln abziehen, eine fein würfeln und eine in Ringe schneiden. Den Schnittlauch säubern und in Röllchen schneiden.

2 Die Kapern grob hacken. Sahnequark mit saurer Sahne verrühren. Zwiebelwürfel, Schnittlauch und Kapern unterziehen.

3 Die Quarkcreme mit Salz, Pfeffer, Kümmel, Nelken und Paprikapulver würzen.

4 Auf vier Teller verteilen, mit etwas Paprikapulver bestäuben und mit Zwiebelringen belegen.

Kapern sind das Geheimnis dieses Liptauerrezepts.

Salamibrot mit Silberzwiebeln

Den Belag nicht auf das Brot legen, sondern einfach reinbacken. In diesem Fall Salami, Silberzwiebeln, Senf und Majoran.

Zutaten

1 Päckchen Trockenhefe
200 g dunkles Roggenmehl Type 1150 (auch Typenbezeichnung 997, ist dasselbe)
300 g Weizenmehl Type 550
1 TL Salz
100 g feine Salamiwürfel
50 g fein gehackte Silberzwiebeln
1 TL mittelscharfer oder Dijon-Senf
1 TL getrockneter Majoran
50 ml Rotwein
250 ml Wasser

Programm: normal
Brot/Teigtyp: Brot schnell
Bräunung: mittel

Zum Salamibrot mit Silberzwiebeln passen: Frischkäse, Butter, verschiedene Käsesorten, Cornichons oder ein deftiger Eintopf.

...dazu passt

Bohnengemüse

Grüne Bohnen mit Knoblauch und einem Schuss Weißwein – eine deftige Mahlzeit.

Zutaten für 4 Portionen

500 g grüne Bohnen
1 Schalotte
1 Knoblauchzehe
2 EL Butter
1 Prise gemahlener Curry
Salz
Schwarzer Pfeffer
1/4 TL Bohnenkraut
50 ml trockener Weißwein
100 g Kräuter-Crème fraîche

Zubereitungszeit: 30 Minuten

1 Die Bohnen putzen, waschen und abtropfen lassen. Die Schalotte und die Knoblauchzehe abziehen und fein würfeln.

2 In einem breiten Topf die Butter heiß schäumend erhitzen und darin die Schalotten- und Knoblauchwürfel andünsten.

3 Die Bohnen hinzufügen, einige Male durchschwenken und mit Curry, Salz, Pfeffer und Bohnenkraut abschmecken.

4 Den Topfinhalt mit Weißwein beträufeln und mit Kräuter-Crème fraîche fertig stellen. Nochmals abschmecken.

Tomatenbrot mit Kräutern

Mediterranes Feeling vermitteln die Kräuter, mit denen dieses Brot gewürzt ist, sowie die Tomaten darin.

Zutaten

1 Päckchen Trockenhefe
300 g Weizenmehl Type 1050
150 g grob gemahlener Weizenschrot
1 TL Backpulver
200 g gewürfelte Pizzatomaten mit Kräutern (Tetrapak oder Dose)
1 TL Salz
100 ml trockener Weißwein
150 ml Wasser

Programm: normal
Brot/Teigtyp: Brot schnell
Bräunung: mittel

Zum Tomatenbrot mit Kräutern passen: eingelegte Artischocken, gemischte Oliven und in Olivenöl eingelegte, getrocknete Tomaten.

Die Pizzatomaten machen das Brot besonders saftig.

dazu passt…

Fetakäsecreme

Zutaten für 4 Portionen

250 g Fetakäse
50 ml Olivenöl
1 Becher Naturjoghurt
1 EL gemischte Kräuter (TK)
1 TL Zitronensaft
Salz
Schwarzer Pfeffer

Zubereitungszeit: 20 Minuten

1 Den Käse klein schneiden und zusammen mit dem Olivenöl im Küchenmixer pürieren.
2 Den Joghurt, die Kräuter und den Zitronensaft untermixen. Mit Salz und Pfeffer würzen.

Ideal zur Sommerzeit. Das selbst gebackene Brot mit köstlichem Aufstrich darf im Picknickkorb nicht fehlen.

Eine gute Basis für diverse Aufstriche bietet das Apfel-Speck-Brot.

Apfel-Speck-Brot

Fruchtig und pikant gleichzeitig schmeckt das Apfel-Speck-Brot mit feinen Kräutern.

Zutaten

1 Päckchen Trockenhefe
200 g Weizenvollkornmehl
250 g Weizenmehl Type 550
1 TL Salz
100 g Speckwürfel mit 1 gewürfelten Zwiebel gedünstet (kalt zugeben)
1 frisch geriebener Apfel
1 TL »8-Kräutermischung« (TK)
300 ml Wasser

Programm: Vollwert
Brot/Teigtyp: Brot schnell

Zum Apfel-Speck-Brot passen: Griebenschmalz, Butter, Kräuterquark, gemischte Salate.

...dazu passt

Eine raffinierte Kombination aus Apfel, Schinkenspreck und kernigen Walnüssen.

Walnussbutter mit Schinken

Zutaten für 4 Portionen

1 Bund glatte Petersilie
50 g gekochter Schinken
200 g zimmerwarme Butter
100 g fein gehackte Walnüsse
1 TL Dijon-Senf
Salz
Schwarzer Pfeffer
1 TL Worcestershire Sauce

Zubereitungszeit: 20 Minuten

1 Die Petersilie waschen, trockenschwenken, die Blätter von den Stielen zupfen und fein hacken. Den Schinken fein würfeln.

2 Die Butter mit Petersilie, Schinken, Nüssen und Senf verrühren. Mit Salz, Pfeffer und Worcestershire Sauce würzen. Die Masse in vier Portionsschalen füllen und zum Apfel-Speck-Brot servieren.

Röstzwiebelbrot mit Bier

Bayerische Leidenschaft für Herzhaftes wird in dieses Brot gebacken, das durch etwas Bier besonders schmackhaft wird.

Zutaten

1 Päckchen Trockenhefe
200 g Roggenmehl Type 1150
300 g Weizenmehl Type 550
1 TL Backpulver
1 Prise Zucker
1 TL Salz
1 Msp. Cayennepfeffer
1 EL Sonnenblumenöl
100 g Röstzwiebeln
100 ml helles Bier
200 ml Wasser

Programm: normal
Brot/Teigtyp: Brot schnell
Bräunung: dunkel

Zum Röstzwiebelbrot mit Bier passen: als Getränk natürlich Bier, aber auch Weiß- oder Rotwein und deftige Brotzeiten wie Würste, Käse, Krautund Kartoffelsalat und Frikadellen.

Wenn es besonders schnell gehen soll: Röstzwiebeln gibt es auch fertig aus dem Becher oder Tütchen.

dazu passt …

Röstzwiebelfrikadellen

Zutaten für 4 Portionen

1/2 Bund glatte Petersilie
3 Scheiben entrindetes Röstzwiebelbrot (2 Tage alt)
1 kleine Gewürzgurke
1 EL Gurkenwasser
500 g gemischtes Hackfleisch
1 Ei (Größe S)
1 TL scharfer Senf
Salz
Schwarzer Pfeffer
1 Prise rosenscharfes Paprikapulver
100 ml Pflanzenöl

Zubereitungszeit: 40 Minuten

1 Die Petersilie waschen, trockenschwenken, die Blätter von den Stielen zupfen und fein hacken. Das Röstzwiebelbrot grob zerschneiden und in etwas Wasser einweichen.

2 Die Gewürzgurke fein würfeln und mit Gurkenwasser, Hackfleisch, dem Ei und Senf verkneten. Das Brot ausdrücken und zusammen mit Petersilie untermengen. Mit Salz, Pfeffer und Paprika würzen.

3 Mit befeuchteten Händen aus dem Fleischteig flache Frikadellen formen und in heißem Pflanzenöl in etwa 20 Minuten langsam braten.

Pestobrot

So schmeckt der Urlaub: nach Olivenöl, Kräutern, Sonne und dem Duft von Pinien. Ein Brot, das sich auch gut weiterverarbeiten lässt.

Fertiges Pesto im Glas gibt es mittlerweile in jedem gut sortierten Supermarkt zu kaufen.

Zutaten

1 Päckchen Trockenhefe
500 g Weizenmehl Type 550
1 TL Salz
2 EL Olivenöl
4 EL Pesto (fertig aus dem Glas)
2 EL (am besten mit dem Wiegemesser) fein gehackte Pinienkerne
300 ml Wasser

Programm: normal
Brot/Teigtyp: Brot schnell
Bräunung: mittel

Zum Pestobrot passen: schwarze und grüne Oliven, frisch gehobelter Parmesankäse, hauchdünn geschnittener Parma- oder San-Daniele-Schinken.

...dazu passt

Toskanisches Brotmus

Zutaten für 4 Portionen

250 g Pestobrot (2 Tage alt)
1 Bund frisches Basilikum
5 Knoblauchzehen
500 g fruchtige Tomaten (Eiertomaten)
50 ml Olivenöl
Salz
Schwarzer Pfeffer
1/4 l Gemüsebrühe

Zubereitungszeit: 40 Minuten

1 Das Pestobrot in Scheiben und dann in etwa 2 Zentimeter große Stücke schneiden. Basilikum waschen, trockenschwenken, von den Stielen zupfen und in Streifen schneiden.

2 Die Knoblauchzehen abziehen und mit etwas Salz fein würfeln. Die Tomaten waschen, kurz in heißem Wasser blanchieren, häuten und in grobe Stücke schneiden.

3 In einem breiten Topf das Olivenöl erhitzen und darin den Knoblauch sanft andünsten. Er soll nicht braun werden. Tomaten und Basilikum hinzufügen und 5 bis 8 Minuten schmoren. Mit Salz und Pfeffer würzen.

4 Die Brotstücke einrühren und nach einigen Minuten mit Brühe begießen. Den Topf mit einem Deckel verschließen und das Gericht bei schwacher Hitze 15 Minuten schmoren lassen.

Ajvarbrot

Würziges vom Balkan – Paprikapaste ist das Geheimnis dieses Brotes. Und dazu ein ungewöhnlicher Aufstrich.

Zutaten

1 Päckchen Trockenhefe
400 g Weizenmehl Type 1050
100 g grob gemahlener Weizenschrot
1 TL Backpulver
1 TL Salz
1 TL Zucker
100 g Ajvar (Paprikapaste aus dem Glas)
150 g Kräuter-Crème fraîche (1 Becher)
200 ml Wasser

Programm: Vollwert
Brot/Teigtyp: Brot schnell

Paprikapaste und Sauerkraut ergänzen sich prima.

Zu diesem feurigen Ajvarbrot passen: eingelegte Artischocken, Peperoni, getrocknete Tomaten in Olivenöl, luftgetrockneter Schinken und Käse.

dazu passt...

Sauerkrautaufstrich

Zutaten für 4 Portionen:

1 rote Paprikaschote
1 Bund Schnittlauch
200 g kaltes Sauerkraut
1 Becher saure Sahne (200 g)
Salz und schwarzer Pfeffer
1 Msp. rosenscharfes Paprikapulver
1/4 TL edelsüßes Paprikapulver

Zubereitungszeit: 30 Minuten

1 Die Paprikaschote waschen, entkernen und in kleine Würfel schneiden. Den Schnittlauch säubern und in Röllchen schneiden.

2 Das Sauerkraut mit einem Wiegemesser sehr fein schneiden. Mit Paprikawürfeln, Schnittlauchröllchen und saurer Sahne verrühren.

3 Die Sauerkrautmischung mit Salz, Pfeffer und den beiden Paprikasorten würzen.

Mit diesem Häppchen werden Sie Ihre Gäste überraschen.

Sonnenblumenbrot mit Käse

Eine kräftigende Brotidee mit nahrhaften Sonnenblumenkernen und Käse zum Sattwerden. Ideal zum Caesar's Salat, der es in sich hat.

Zutaten

500 g Backmischung für Sonnenblumenbrot (Hefe ist darin enthalten)
1 EL Walnussöl
1 Msp. rosenscharfes Paprikapulver
1/2 TL Kräuter der Provence
80 g frisch geriebener Käse (Gouda, Emmentaler, Parmesan oder gemischt)
1/2 TL grob geschroteter schwarzer Pfeffer
340 ml Wasser

Programm: Vollwert
Brot/Teigtyp: Brot schnell

Zum Sonnenblumenbrot mit Käse passen: luftgetrockneter Schinken, Quark, Wurst, eingelegte Gemüse wie Artischocken, gedünstete Zucchini und Auberginen.

...dazu passt

Caesars Salat

Das Sonnenblumenbrot für den Salat sollte vom Vortag sein, sonst klebt es zu sehr.

Zutaten für 4 Portionen

1 Romanasalat
150 g Parmesan am Stück
4 Scheiben Sonnenblumenbrot mit Käse
2 Eigelbe
1 TL scharfer Senf
100 ml Olivenöl
Salz und schwarzer Pfeffer
1 TL Zitronensaft
150 g geräucherte Speckwürfel

Zubereitungszeit: 30 Minuten

1 Den Romanasalat waschen, trockenschwenken und quer in Streifen schneiden. Den Parmesan in dünne Streifen ziehen oder hobeln.

2 Die Brotscheiben entrinden und und in kleine Würfel schneiden.

3 In einer Pfanne die Butter heiß schäumend erhitzen und darin die Brotwürfel von allen Seiten kross braten. Auf einen Teller legen.

4 Eigelbe und Senf cremig rühren. Das Olivenöl teelöffelweise unterschlagen. Die Sauce würzen.

5 Die Speckwürfel in einer heißen, ungefetteten Pfanne auslassen. In einer Schüssel Salatstreifen, Brot- und Speckwürfel vermengen. Auf vier Teller verteilen, mit Sauce überziehen und mit Parmesan belegen.

Scharfes Kartoffelbrot mit grünem Pfeffer

Eine tolle Kreation mit grünem Pfeffer, die durch die Kartoffeln besonders saftig wird.

Zutaten

1 Päckchen Trockenhefe
450 g Weizenmehl Type 550
1 TL Salz
150 g gekochte, zerstoßene Kartoffeln (gut abgekühlt)
2 EL eingelegte, grüne Pfefferkörner
einige Safranfäden (oder/und 1 TL gemahlener Kurkuma)
1 EL Walnussöl
300 ml Wasser

Programm: normal
Brot/Teigtyp: Brot schnell
Bräunung: mittel

Zum Kartoffelbrot mit grünem Pfeffer passen: Butter, frisch gehackter Schnittlauch und Kresse, geräucherter Schinken, Räucherfisch wie Schillerlocken, Makrele und Lachs.

dazu passt...

Gulaschsuppe

Zutaten für 4 Portionen

250 g Zwiebeln
2 Knoblauchzehen
6 EL Pflanzenöl
250 g Rinderlende
Salz und schwarzer Pfeffer
1 TL edelsüßes Paprikapulver
2 Msp. rosenscharfes Paprikapulver
1 TL Kümmel
1 TL Majoran
Abgeriebene Schale von 1/2 Zitrone
1 l Gemüse- oder Fleischbrühe

Zubereitungszeit: 1 Stunde

1 Die Zwiebeln und die Knoblauchzehen abziehen und in Streifen schneiden. In einem Topf das Pflanzenöl erhitzen und darin die Zwiebel- und Knoblauchstreifen etwa 20 Minuten dünsten. Eventuell mit ein paar Esslöffeln Wasser verrühren.

2 Das Rindfleisch in sehr kleine Würfel schneiden und in den Topf geben. Mit Salz, Pfeffer, den beiden Paprikasorten, Kümmel, Majoran und Zitronenschale würzen. Etwa 5 Minuten weiterschmoren.

3 Den Topfinhalt mit Brühe aufgießen und nach dem ersten Aufkochen etwa 30 Minuten leise kochen lassen. Nochmals abschmecken.

Die Suppe wird noch sämiger, wenn Sie in den letzten 20 Garminuten zwei Kartoffeln in kleinen Stücken mitgaren.

Kohlbrot mit Sahne

Diese Mischung muss man unbedingt probieren – die Kohlblätter sorgen für den besonderen Geschmack.

Zutaten

1 Päckchen Trockenhefe
400 g Weizenmehl Type 405
1 TL Kräutersalz
1/2 TL grob geschroteter schwarzer Pfeffer
1 EL ganzer Kümmel
1/4 TL edelsüßes Paprikapulver
1 Msp. rosenscharfes Paprikapulver
1 EL Zucker
150 g fein gehackter Weißkohl (geputzte Rohware) in 1 EL Butter mit 50 g feinsten Speckwürfeln 5 Minuten gedünstet
200 g Sahne
100 ml Wasser

Programm: normal
Brot/Teigtyp: Brot schnell
Bräunung: mittel

Zum Kohlbrot mit Sahne passen: Butter mit Schnittlauchröllchen, Gulaschsuppe, deftige Eintöpfe, Schinken und Dauerwurstwaren.

...dazu passt

Ramequin mit Kohlbrot

Für diesen köstlichen Auflauf eignen sich sehr viele Brotsorten in diesem Buch.

Zutaten für 4 Portionen

8 Scheiben Kohlbrot mit Sahne
8 gleich große Käsescheiben (Emmentaler, Gouda, Gruyère)
200 ml Milch (oder Sahne)
2 Eier
Salz, schwarzer Pfeffer
1 Prise gemahlene Muskatnuss
Außerdem: Butter für die Form

Zubereitungszeit: 30 Minuten

1 Eine hitzebeständige Auflaufform mit Butter ausstreichen. Die Brotscheiben mit je einer Scheibe Käse belegen und dachziegelartig in die Form legen.

2 Milch mit Eier verquirlen und mit Salz, Pfeffer und Muskatnuss abschmecken. Die Mischung über die Käsebrote gießen und mit Butterflöckchen belegen.

3 Das Ramequin in den vorgeheizten Backofen bei 200 °C (Umluft 180 °C) schieben und in 20 bis 25 Minuten goldgelb überbacken. Aus dem Ofen nehmen, kurz stehen lassen und dann servieren.

Rucolabrot mit Walnüssen

Alle Lieblinge ins Brot gebacken – Rucolablättchen verhelfen dem Brot zu einem erfrischenden Aroma.

Zutaten

1 Päckchen Trockenhefe
250 g Weizenvollkornmehl
250 g Weizenmehl Type 550
1 TL Brotgewürz
1 TL Salz
1 EL brauner Zucker
2 EL Olivenöl
100 g sehr fein gehackter Rucola
1 TL Zitronensaft
50 g fein gehackte Walnüsse (am besten mit dem Wiegemesser)
100 g Buttermilch
200 ml Wasser

Programm: Vollwert
Brot/Teigtyp: Brot schnell

Zum Rucolabrot mit Walnüssen passen: pflanzliche Brotaufstriche, Butter, Streichkäse, Wurst und Schinken.

Die kräftige, würzige Rauke (Rucola) am besten mit Olivenöl und Zitronensaft im Küchenmixer pürieren. Die Paste lässt sich dann wesentlich besser in den Teig einarbeiten.

dazu passt...

Gittas Brotaufstrich

Zutaten für 4 Portionen:

1 Bund Schnittlauch
1 Bund gemischte Kräuter (Petersilie, Dill, Kerbel etc.)
2 Knoblauchzehen
100 g Mayonnaise
2 Becher Kräuter-Crème fraîche à 150 g
1 Becher Vollmilchjoghurt à 150 g
Salz und schwarzer Pfeffer

Zubereitungszeit: 15 Minuten

1 Kräuter waschen, trockenschwenken und in Röllchen schneiden bzw. fein hacken. Die Knoblauchzehen abziehen und fein würfeln.

2 Mayonnaise mit Kräuter-Crème fraîche und Vollmilchjoghurt cremig rühren. Kräuter unterheben und mit Salz und Pfeffer würzen.

Die cremig feste Konsistenz eignet sich ideal als Brotaufstrich.

Sechskornbrot mit Hüttenkäse

Das Brot schmeckt lecker, hält gesund und macht fit. Und dazu eine raffiniert verfeinerte Suppe.

Zutaten

1 Päckchen Trockenhefe
4 EL Samenmischung (auch Mehrkorn- oder Fünfkornmischung)
150 g Roggenmehl Type 1150
200 g Weizenmehl Type 550
100 g Maismehl
1 TL Salz
1 TL getrockneter Thymian
100 g Hüttenkäse
250 ml Wasser

Programm: Vollwert
Brot/Teigtyp: Brot schnell

Zum Sechskornbrot mit Hüttenkäse passen: Kräuterquark, Butter mit Schnittlauch, eingelegte Antipastigemüse und pflanzliche Brotaufstriche.

...dazu passt

Tomatensuppe mit Gin

Gin hebt die Fruchtigkeit der reifen Tomaten besonders gut hervor.

Zutaten für 4 – 5 Portionen

1 kg fruchtige Tomaten
1 Zwiebel
2 Knoblauchzehen
1/4 Bund Suppengemüse (Möhren, Lauch, Sellerie, Petersilie)
50 g geräucherte Speckwürfel
5 EL Olivenöl
5 cl Gin
Salz und schwarzer Pfeffer
1 l Gemüsebrühe
100 g Sahne

Zubereitungszeit: 40 Minuten

1 Die Tomaten waschen und in kleine Stücke schneiden. Die Zwiebel und die Knoblauchzehen abziehen und klein schneiden. Das Suppengemüse säubern und zerkleinern.

2 In einem breiten Topf das Olivenöl erhitzen und darin Speck, Zwiebeln, Knoblauch und das Suppengemüse andünsten. Tomaten hinzufügen und 5 bis 8 Minuten dünsten.

3 Den Topfinhalt mit Mehl bestäuben, kurz durchrösten und mit Gin ablöschen. Mit Salz und Pfeffer würzen. Mit Gemüsebrühe und Sahne aufgießen, aufkochen und etwa 10 Minuten durchkochen.

4 Die Tomatensuppe durch ein Sieb streichen und erneut erhitzen. Abschmecken und servieren.

Nohrs Schwarzbrot mit Körnermischung

Kräftiger Urgeschmack mit Sauerteig, und der Kümmel verleiht diesem dunklen Brot die richtige Würze.

Zutaten

1 Päckchen Trockenhefe
400 g dunkles Roggenmehl Type 1150
100 g Samenmischung
1 TL Salz und 1 TL Kümmel
1 EL Zuckerrübensirup
1/2 Päckchen Sauerteigextrakt (Vitam)
320 ml Wasser

Programm: Roggen
Brot/Teigtyp: Brot
keine Größeneinstellung möglich

Zu Nohrs Schwarzbrot mit Körnermischung passen: geräucherter Fisch oder Schinken, Heringssalate, gemischte Blattsalate, Feldsalat, bunt gemischte Rohkostsalate, Waldorfsalat, Frischkäse und Quarkaufstriche.

Gut passen auch Feldsalat oder gemischte grüne Blattsalate.

dazu passt...

Räucherfisch mit Kräutern

Zutaten für 4 Portionen

200 g Schillerlocken (geräucherte Bauchlappen des Dornhais)
200 g saure Sahne (1 Becher)
1 TL scharfer Senf
1 TL Zitronensaft
1 TL gemischte Kräuter (TK)
Salz
Schwarzer Pfeffer

Zubereitungszeit: 20 Minuten

1 Die Schillerlocken in 1/2 Zentimeter kleine Würfel schneiden.
2 Die saure Sahne mit Senf, Zitronensaft, Kräutern, Salz und Pfeffer verrühren.
3 Die Fischwürfel unter die saure Sahne mischen. Nochmals abschmecken und servieren.

Das herzhafte Schwarzbrot passt besonders gut zu geräuchertem Fisch.

Fonduebrot mit Brühe

Würzig und passend für Aufstriche, aber auch eine gute Grundlage für Wurst und Käse.

Das Brot nach einem Tag in mundgerechte Würfel schneiden und zum Dippen für ein herzhaftes Käsefondue verwenden.

Zutaten

1 Päckchen Trockenhefe
500 g Weizenmehl Type 405
1 TL Zucker
1 Päckchen Backpulver
1 TL Salz
1 EL Olivenöl
320 ml kalte Gemüsebrühe
(2 TL gekörnte Brühe)

Programm: normal
Brot/Teigtyp: Brot schnell
Bräunung: mittel

Zum Fonduebrot mit Brühe passen: verschiedene Schinken- und Wurstsorten, Butter gemischt mit frisch gehackten Kräutern, Quark, Frischkäse und diverse Käsesorten.

...dazu passt

Kaaspott aus Holland

Zutaten für 4 Portionen

Zum Dippen:
1 Fonduebrot (Rezept oben)
200 g Champignons
200 g gekochter Schinken
Für den Fonduetopf:
400 g alter und junger Gouda
100 g Edamer
1 EL Speisestärke
1/4 l trockener Weißwein
1 TL Zitronensaft
2 cl klarer Branntwein

Zubereitungszeit: 30 Minuten

1 Das Fonduebrot in mundgerechte Würfel schneiden und in einen mit einer Stoffserviette ausgelegten Brotkorb füllen.

2 Die Champignons häuten und je nach Größe halbieren oder vierteln. Den Schinken in 1 Zentimeter große Würfel schneiden oder die Scheiben aufrollen.

3 Die drei Käsesorten auf einer Küchenreibe in den Fonduetopf raspeln. Mit Speisestärke bestäuben und mit Weißwein, Zitronensaft und Branntwein begießen.

4 Den Topfinhalt unter ständigem Rühren schmelzen lassen und cremig rühren. Den Fonduetopf auf den Tischrechaud stellen und die Zutaten rundherum anrichten.

Müslibrot mit Ballaststoffen

Mein Brot und ich ... so lecker. Und gesund sind die vielen Ballaststoffe natürlich auch.

Zutaten

1 Päckchen Trockenhefe
250 g Weizenmehl Type 1050
200 g Weizenmehl Type 550
1 Päckchen Backpulver
1 TL Salz
2 EL Honig
100 g Früchtemüsli
50 g Rosinen
250 ml Multivitaminsaft
200 ml Wasser

Programm: normal
Brot/Teigtyp: Brot oder Rosinen
Bräunung: mittel

Zum Müslibrot passen: Marmeladen und Fruchtgelees, Joghurt mit frischen Früchten, Butter, Erdnusscreme.

Das einen Tag alte Müslibrot in mundgerechte Würfel schneiden und zu einem Schokofondue servieren.

dazu passt...

Nussiger Bananenquark

Zutaten für 4 Portionen

2 Bananen
1 TL Zitronensaft
250 g Sahnequark
50 g Sahne
50 g Schokoraspeln
50 g fein gehackte Haselnüsse
1 EL Zucker

Zubereitungszeit: 20 Minuten

1 Eine Banane schälen und zusammen mit dem Zitronensaft zermusen, damit sie nicht braun wird. Mit Sahnequark und Sahne verrühren.
2 Schokoraspeln, Haselnüsse und Zucker einrühren.
3 Die zweite Banane schälen, in Scheiben schneiden und den Quark damit garnieren.

Etwas Gesundes für kleine und große Naschkatzen.

Schnittlauchbrot mit Sesam

Sesamsamen verbinden beide Rezepte und geben ihnen die besondere Note.

Gleich ins Brot reinsetzen – bei so viel Kräuterfrische? Zusammen mit dem Gurkenaufstrich ist das Schnittlauchbrot eine Delikatesse.

Zutaten

1 Päckchen Trockenhefe
250 g Weizenmehl Type 550
200 g Weizenmehl Type 1050
1 Bund Schnittlauch, mit 2 EL Pflanzenöl vermischt
1 TL Salz
2 EL gerösteter Sesamsamen, kalt
300 ml Vollmilch

Programm: normal
Brot/Teigtyp: Brot schnell
Bräunung: mittel

Zum Schnittlauchbrot mit Sesam passen: geräucherter und gekochter Schinken, verschiedene Käsesorten, Butter und gegrillte Gemüse.

...dazu passt

Gurkenaufstrich

Verblüffend einfach und schnell ist dieser Aufstrich.

Zutaten für 4 Portionen

1 Salatgurke
1 Knoblauchzehe
3 EL Sesamöl
1 TL gehackter Dill (TK)
Salz
Schwarzer Pfeffer
Zum Bestreuen: 2 EL Sesamsamen

Zubereitungszeit: 15 Minuten

1 Die Gurke schälen, längs durchschneiden und entkernen. Das Gurkenfruchtfleisch auf einer Küchenreibe fein raspeln. Anschließend den Saft ausdrücken.

2 Gurkenraspel mit Sesamöl, Dill, Salz und Pfeffer würzen. In eine Servierschüssel geben und mit Sesamsamen bestreuen.

Quarkbrot mit Frühlingszwiebeln

Lust auf Gesundheit? Dann ist diese Mischung mit Kümmel ideal, die auch noch prima schmeckt.

Zutaten

500 g Backmischung für Sauerteigbrot (Diamanthefe ist anbei)
1 TL Kümmel
150 g Sahnequark
1 EL Butter
100 g kalte, gedünstete, Klein gewürfelte Frühlingszwiebeln
200 ml Wasser

Programm: Vollwert
Brot/Teigtyp: Brot schnell

Zum Quarkbrot mit Frühlingszwiebeln passen: gemischte Wurstwaren, Käse, Cornichons, Tomatensalat, verschiedene Käsesorten und Würste.

dazu passt...

Currysuppe mit Mandeln

Zutaten für 4 Portionen

50 g Mandelblättchen
1 Zwiebel
1 Apfel
1 Banane
5 EL Orangensaft
2 EL Butter
1/2 TL gemahlener Curry
2 EL Sherry
1/2 l Gemüsebrühe
200 g Sahne
Nach Belieben:
1 TL gehackter Koriander

Zubereitungszeit: 30 Minuten

1 Die Mandelblättchen rösten. Die Zwiebel abziehen und in Streifen schneiden. Den Apfel schälen, entkernen und in Spalten schneiden. Die Banane schälen, in Scheiben schneiden und mit Orangensaft beträufeln.

2 Die Butter erhitzen und darin Zwiebel- und Apfelstreifen etwa 5 Minuten dünsten. Bananen mit Saft einrühren, 1 Minute mitbraten und mit Curry würzen.

3 Den Topfinhalt mit Sherry beträufeln und mit Brühe sowie mit Sahne aufgießen. Aufkochen und einige Minuten weiterkochen lassen.

4 Die Suppe durch ein Sieb streichen und aufkochen. Abschmecken, in vorgewärmte Teller verteilen und mit Mandeln bestreuen.

Mandelblättchen und andere Nüsse immer in einer heißen, ungefetteten Pfanne rösten, bis sie duften. Dann auf einem Teller abkühlen lassen.

Diätbrot mit Leinsamen

Hier kommt Gittas Lieblingsbrot – und auch Sie werden mit Appetit in eine köstliche frische Scheibe beißen. Am besten ist daran, dass es auch noch schlank hält.

Zutaten

1 Päckchen Trockenhefe
300 g Weizenvollkornmehl
150 g Weizenmehl Type 405
50 g Leinsamen
1 TL Meersalz
1 EL gemahlene Brotgewürzmischung
1 TL flüssiger Süßstoff
1 EL Distelöl (oder Pflanzenöl)
320 ml Wasser

Programm: Vollwert
Brot/Teigtyp: Brot

Zum Diätbrot mit Leinsamen passen lauter Sachen, die nicht dick machen, z. B. fettreduzierte Margarine (Lätta), kalorienreduzierte Fruchtaufstriche, Frischkäse Vital oder Magerquark.

...dazu passt

Wirsingsuppe »Bauch weg«

Eine kalorienarme Suppe, die trotzdem nicht langweilig schmeckt.

Zutaten für 4 Portionen

1 kleine Zwiebel
1 Knoblauchzehe
1 rote Paprikaschote
1/2 Wirsingkopf
1 Zucchini
Salz
Schwarzer Pfeffer
1 TL gemischte Kräuter (TK)
1/4 l Gemüsebrühe

Zubereitungszeit: 40 Minuten

1 Die Zwiebel und die Knoblauchzehe abziehen. Die Zwiebel in feine Streifen schneiden, die Knoblauchzehe fein hacken. Die Paprikaschote waschen, entkernen und in dünne Scheiben schneiden.

2 Den Wirsing putzen, waschen und in Streifen schneiden. Die Zucchini waschen, längs halbieren und in Scheibchen schneiden.

3 Alle Zutaten in einen Topf schichten. Dabei jede Schicht salzen, mit Pfeffer abschmecken und mit etwas Kräutern belegen.

4 Das Gemüse mit Brühe begießen und aufkochen. Die Hitze zurückdrehen, den Topf mit einem Deckel verschließen und das Gemüse in etwa 15 Minuten garen.

Glutenfreies Vollkornbrot

Für Allergiker, die Weizen- und Roggenmehl nicht vertragen, genau das richtige vollwertige Brot.

Zutaten

1 Päckchen Trockenhefe
300 g Buchweizenvollmehl
200 g Maismehl
1 TL Salz
2 EL Birnendicksaft (oder Zucker)
2 EL Butter
1 Ei
100 g Quark
200 ml Vollmilch

Programm: normal
Brot/Teigtyp: Brot
Bräunung: mittel

Zum glutenfreien Vollkornbrot passen: Butter, Quark und Essiggemüse wie Gurken, Silberzwiebeln, Kapern und Cornichons.

Das Vollkornbrot lässt sich hervorragend weiterverarbeiten, z. B. zu Vollkornrittern, die am besten dick mit Puderzucker bestreut schmecken.

dazu passt...

Zuckersüße Vollkornritter

Zutaten für 4 Portionen

8 Scheiben glutenfreies Vollkornbrot
80 g zimmerwarme Butter
3 EL Marmelade Ihrer Wahl
2 Eier (Größe L)
4 EL Milch
1 EL Zucker

Zubereitungszeit: 20 Minuten

1 Alle Brotscheiben mit etwas Butter bestreichen und auf vier Scheiben Marmelade verteilen. Darauf je eine bebutterte Scheibe drücken.

2 Die Eier mit Milch und Zucker verquirlen. Die restliche Butter in einer Pfanne heiß schäumend erhitzen. Die vier »Doppeldecker« durch die Eier ziehen und in die Pfanne legen. Auf jeder Seite goldgelb backen. Auf Teller verteilen und nach Belieben dick mit Puderzucker bestäuben.

Wer aus allergischen Gründen Diät halten muss, findet hier eine gute Alternative.

Glutenfreies Frühstücksbrot

Schnell und backautomatenfrisch und zudem mit verschiedenen Belägen zum Aufbacken geeignet.

Zutaten

1 Päckchen Trockenhefe
500 g Fertigmehl (Hammermühle, Damia, Toseno, Mehl-Mix hell oder Detmolder Art/Wiechert)
1 TL Salz
1 TL ganzer Kümmel
100 g Samenmischung
1 EL Zucker
400 ml Vollmilch

Programm: normal
Brot/Teigtyp: Brot schnell
Bräunung: mittel

Zum glutenfreien Frühstücksbrot passen: Käse, Schinken, Rühreier oder gekochte Frühstückseier oder was sonst noch zu einem ausgiebigen Frühstück gehört und Ihnen schmeckt.

...dazu passt

Überbackene Frühstücksbrote

Überbacken lassen sich auch Früchte, z. B. Ananas, oder andere Käsesorten.

Zutaten für 4 Portionen

100 g Kochschinken
200 g Goudakäse
20 g flüssige Butter
Salz
Schwarzer Pfeffer
Je 1 Prise edelsüßes und rosenscharfes Paprikapulver
4 Scheiben glutenfreies Frühstücksbrot

Zubereitungszeit: 20 Minuten

1 Den Kochschinken fein würfeln. Den Goudakäse auf einer Küchenreibe grob raspeln und zusammen mit der Butter sowie dem Schinken verrühren. Mit Salz, Pfeffer und den beiden Paprikasorten würzen.

2 Die Brotscheiben im Toaster kurz rösten und auf ein Backblech legen. Die Käsemischung darauf verteilen und im Backofen bei Grillstufe in 8 bis 10 Minuten gratinieren.

Rosinchen

Bei kleinen und großen Leckermäulern kommt dieses süße Brot besonders gut an.

Zutaten

1 Päckchen Trockenhefe
400 g Weizenmehl Type 550
100 g Weizenmehl Type 405
1 TL Salz
50 g Zucker
1 Päckchen Backpulver
1 EL weiche Butter
125 g Rumrosinen (1 Päckchen)
330 ml fettarme Milch

Programm: normal
Brot/Teigtyp: Rosinenbrot
Bräunung: mittel

Zum Rosinchen passen: Butter, Quark, Marmeladen, Schokoaufstriche, Gelees, Honig und Erdnusscreme.

Eine Bereicherung für jedes Frühstück ist das Brot mit den rumgetränkten Rosinen.

dazu passt...

Gratinierte Birnen auf Rosinchen

Zutaten für 4 Portionen

4 Scheiben Rosinchen
1 EL zimmerwarme Butter
1 EL Aprikosenmarmelade
4 Birnenhälften (Dose, Glas)
1 EL Preiselbeeren
4 Scheibletten Käse

Zubereitungszeit: 15 Minuten

1 Die Brotscheiben toasten, mit Butter und Aprikosenmarmelade bestreichen.
2 Die Birnenhälften aus Dose oder Glas nehmen, abtropfen lassen und fächerartig in dünne Scheiben schneiden.
3 Jeden Birnenfächer auf einer Scheibe Brot anrichten und die Scheiben auseinander drücken. Preiselbeeren darauf verteilen und mit je einer Käsescheibe belegen.
4 Im Backofen bei 200 °C (Umluft 180 °C) bei Grillstufe in etwa 10 Minuten überbacken.
5 Auf vier Tellern anrichten und noch heiß servieren.

Roggenbrot nach Oma Lene

Nostalgische Brotträume werden wahr: ein Duft nach frischem Brot wie in der Kindheit.

Das Roggenmehl macht das Brot herzhaft und nahrhaft.

Zutaten

1 Päckchen Trockenhefe
300 g Roggenmehl Typ 1150
150 g Weizenmehl Type 550
1/2 Päckchen flüssiger Sauerteig (Vitam)
1 EL ganzer Kümmel
1 TL Salz
300 ml lauwarmes Wasser

Programm: normal
Brot/Teigtyp: Brot
Bräunung: mittel

Zu diesem Roggenbrot passen: Käse, Wurst und pflanzliche Brotaufstriche.

...dazu passt

Überbackene Roggenbrote

Die Brote werden – gleich wenn sie aus dem Ofen kommen – heiß serviert.

Zutaten für 4 Portionen

4 Scheiben Roggenbrot nach Oma Lene
1 EL Butter
1 rote Paprikaschote
100 g geräucherte Speckwürfel
1 Msp. edelsüßes Paprikapulver
Schwarzer Pfeffer
200 g frisch geriebener Bergkäse

Zubereitungszeit: 30 Minuten

1 Die Brotscheiben im Backofengrill auf einer Seite toasten. Herausnehmen und auf der nicht getoasteten Seite mit Butter bestreichen.

2 Die Paprikaschote waschen, entkernen und fein würfeln. Zusammen mit den Speckwürfeln, dem Paprikapulver, Pfeffer und Käse vermengen. Die Brote mit der Speck-Gemüse-Mischung belegen und diese dann im Backofen bei Grillstufe in etwa 15 Minuten überbacken.

Wohlfühlbrot

Lust auf etwas Besonderes, das trotzdem jeden Tag schmeckt? Mal sehen, was der Küchenschrank hergibt... Sie finden bestimmt was Passendes.

Zutaten

1 Päckchen Trockenhefe
300 g Weizenmehl Type 550
200 g Weizenmehl Type 405
1 EL gehackte Pinienkerne
1 EL gehackte Kürbiskerne
2 EL Fondor (Feinwürzmittel)
2 EL Sonnenblumenöl
320 ml Wasser

Programm: normal
Brot/Teigtyp: Brot
Bräunung: mittel

Zu diesem »tollen Alltagsbrot« passen: vegetarische Brotaufstriche, Wurst, Schinken, Käse, Honig und Marmelade.

dazu passt...

Wohlfühlbrot nach Hawaiiart

Zutaten für 4 Portionen

4 Scheiben Wohlfühlbrot
1 EL weiche Butter
8 dünne Scheiben Kochschinken
4 Scheiben Ananas (Dose oder Glas)
8 dünne Scheiben Käse Ihrer Wahl

Zubereitungszeit: 20 Minuten

1 Die Brotscheiben im Backofengrill auf einer Seite toasten. Herausnehmen und auf der nicht gegrillten Seite mit Butter bestreichen.

2 Jede Scheibe Brot mit zwei Scheiben Kochschinken, einer Scheibe Ananas und dann mit zwei Käsescheiben belegen.

3 Die belegten Brotscheiben auf ein Backblech geben und im Backofengrill in etwa 15 Minuten übergrillen bis der Käse gut verlaufen ist.

Hinweis
Es ist nicht empfehlenswert, frische Ananas zu verwenden, da der Reifegrad meistens nicht passt, die Frucht zu säuerlich ist und damit zu wenig Saft vorhanden ist.
Bei konservierter Ware sind die eingelegten Fruchtstückchen in Zuckersirup süßer und reichhaltiger. Dadurch bleiben die Toasts beim Überbacken saftiger und trocknen nicht so schnell aus.

Tipp
Die Brote hübsch mit Kopfsalat, Paprikastreifen und Tomaten anrichten. Zusätzlich mit edelsüßem und rosenscharfem Paprikapulver bestäuben.

Kaum zu glauben, was alles ins Brot passt und gut mit ihm harmoniert. Lassen Sie sich überraschen.

Frech – *innovative* Backideen

Im vorhergehenden Kapitel waren wir schon ziemlich mutig, bei den innovativen Zutaten in diesem Kapitel trauen wir uns noch mehr. Einfach die Krabben in das Brot mit reinbacken – und schon haben Sie das ideale Brot für eine Fischmahlzeit. Oder ein bisschen orientalisch mit Pistazien und Hühnchen im Brot? Sicherlich haben Sie auch schon über neue Geschmacksdimensionen bzw. Vereinigungen nachgedacht und dabei Lust auf neue Geschmackskombinationen bekommen. Dieses Kapitel zeigt Ihnen die ganze Vielfalt des Brotes und seines duftenden ungewöhnlichen Innenlebens. Es gibt zwar in Deutschland die größte Auswahl an Brotsorten in den Bäckereien, aber ein Quarkbrot mit Mais und Erbsen haben wir noch nicht gekauft. Und genau das ist der Kniff an der Maschine: Sie wissen exakt, was in dem Brot enthalten ist, und können es dementsprechend steuern. Oder Sie haben vom letzten Fest noch Reste? Rein damit, aus Gemüsen, Kräutern, Dippsaucen oder Fleischresten kann man noch so viel machen. Frech ist ganz gut, denn es bedeutet, Phantasie zu haben und sich vorstellen zu können, dass es klappt. In diesem Sinne backen Sie drauf los – bis Ihre Maschine eine Pause braucht. Diese ist übrigens bei der Gebrauchsanweisung beschrieben, und zwar in der Form, dass der Brotbackautomat wieder runterkühlen muss.

Neues ausprobieren

Aber keine Angst – eine lange Pause ist dafür nicht nötig. Wie lange der Brotbackautomat auskühlen muss, haben wir im ersten Kapitel beschrieben (siehe Seite 10). Und Ihre Familie, Ihr Partner oder Ihre Freunde werden Ihre Bäckereien lieben, denn Sie sind immer wieder für Überraschungen gut.

Zeigen Sie Mut bei der Auswahl Ihrer Zutaten, und lassen Sie sich überraschen!

Damit es allen so richtig schmeckt

Wie immer wird auch in diesem Kapitel wieder von Brotgröße L ausgegangen. Unsere Brote eignen sich für größere Familien, für Feste und Partys oder auch für das Backen auf Vorrat. Aber eines können wir Ihnen versprechen: Altbacken werden diese Kreationen bestimmt nicht – dazu sind sie viel zu begehrt bei den begeisterten Essern!

Petersilien-Zitronen-Brot

Zitronig, petersilig und frech-würzig – genau die richtige Beilage zu edlem Fisch mit Kräutern.

Ein delikates Aroma vermittelt die abgeriebene Zitronenschale.

Zutaten

1 Päckchen Trockenhefe
450 g Weizenmehl Type 550
1 TL Salz
1 Prise Zucker
1 Bund glatte Petersilie, fein gehackt und vermischt mit 2 EL Sonnenblumenöl
Fein abgeriebene Schale von 1/2 Zitrone und Saft von 1 Zitrone
1 TL Zitronenpfeffer
2 fein gewürfelte Knoblauchzehen
1/2 TL grob geschroteter schwarzer Pfeffer
320 ml Wasser

Programm: normal
Brot/Teigtyp: Brot schnell
Bräunung: mittel

Zum Petersilien-Zitronen-Brot passen: Grillgerichte von Spareribs bis Fisch in der Folie, vegetarische Brotaufstriche, Chili con Carne.

...dazu passt

Lachs in der Folie

Zutaten für 4 Portionen

1/2 frische Lachsseite von etwa 1 kg
1 EL Zitronensaft
10 EL trockener Weißwein
Salz
Schwarzer Pfeffer
1/2 Bund Dill
1 EL Kräuterbutter
3 Eigelbe
100 g Butter
Worcestershire-Sauce
Außerdem: Alufolie

Zubereitungszeit: 40 Minuten

1 Den Backofen auf 200 °C (Umluft 180 °C) vorheizen und ein Backblech mit Alufolie so auslegen, dass die doppelte Menge Alufolie überlappt. Den Lachs unter fließend kaltem Wasser waschen und mit Küchenpapier trockentupfen.

2 Den Lachs auf das Backblech legen und mit etwas Zitronensaft und zwei Esslöffeln Weißwein beträufeln. Mit Salz und Pfeffer würzen.

3 Den Dill waschen, trockenschwenken und die Hälfte davon zusammen mit der Kräuterbutter auf dem Lachs verteilen.

4 Den Lachs mit der Folie verschließen und auf die mittlere Schiene in den vorgeheizten Backofen schieben. Die Garzeit beträgt bei dieser Methode 25 bis 30 Minuten.

5 Inzwischen die Eigelbe mit dem restlichen Weißwein in einer hitzebeständigen Schüssel über einem heißen Wasserbad zu einer geschmeidigen Creme aufschlagen.

6 Die Butter in der Mikrowelle schmelzen lassen oder in einem Pfännchen erwärmen, ohne dass sie braun wird. Die Schüssel vom Wasserbad nehmen und die flüssige Butter teelöffelweise unter die Creme schlagen.

7 Mit Salz und Pfeffer würzen, mit Worcestershiresauce und Zitronensaft abschmecken.

8 Die Dillblättchen von den Stielen zupfen, fein hacken und unter die Sauce ziehen.

9 Den Lachs aus dem Ofen nehmen, die Folie vorsichtig lösen, ohne dass der Saft verloren geht, und im Ganzen servieren. Dazu die Sauce und das Petersilien-Zitronen-Brot reichen.

Der Aufwand lohnt sich: Mit diesem ausgefallenen Fischgericht verwöhnen Sie Ihre Gäste.

Texasbrot mit »Seasoning Mix«

Eine scharfe Sache ist dieses Texasbrot mit der eigenwilligen Würzmischung. Wie gut, dass die Guacamole den Gaumen kühlt, falls es zu pikant werden sollte.

Zutaten

1 Päckchen Trockenhefe
500 g Weizenmehl Type 550
1 TL Salz
1 Beutel »Taco Seasoning Mix«
1 frische rote, mit dem Wiegemesser klein gewürfelte Chilischote
2 EL Tomatenketchup
1 TL Zucker
320 ml Wasser

Programm: normal
Brot/Teigtyp: Brot schnell
Bräunung: mittel

Zum Texasbrot passen: bunt gemischte frische Sommersalate, Avocadocreme »Guacamole«, Eintöpfe mit Gemüse oder Fleisch, herzhafte Suppen, z. B. Bohnensuppe, pflanzliche Brotaufstriche.

...dazu passt

Guacamole von Tom

Wenn Sie keinen frischen Koriander erhalten, nehmen Sie als Ersatz Petersilie, obwohl man es geschmacklich nicht vergleichen kann.

Zutaten für 4 Portionen

1/2 Bund Koriandergrün
1 kleine Zwiebel
1 frische, rote Chilischote
2 reife Avocados
Saft von 1/2 Zitrone
100 g saure Sahne
Salz
Schwarzer Pfeffer
Nach Belieben: Cayennepfeffer

Zubereitungszeit: 20 Minuten

1 Den Koriander waschen, trockenschwenken, Blätter von den Stielen zupfen und fein hacken. Die Zwiebel abziehen und fein würfeln.

2 Chili säubern, längs aufschlitzen, entkernen und klein schneiden.

3 Avocados schälen, das Fruchtfleisch in kleine Stücke schneiden und in einen Mixer geben. Mit Zitronensaft beträufeln und zusammen mit der sauren Sahne pürieren.

4 Gehackten Koriander, Zwiebel- und Chiliwürfel unter das Avocadomus rühren. Mit Salz, Pfeffer und nach Belieben mit Cayennepfeffer würzen. Am besten in Portionsschalen füllen und sofort servieren.

Ketchupbrot für Tini

Ketchup gleich mit ins Brot backen – das ist frech und schmeckt Kindern besonders gut.

Zutaten

1 Päckchen Trockenhefe
250 g Weizenmehl Type 405
250 g Weizenmehl Type 550
1 Päckchen Backpulver
1 TL Kräutersalz
5 EL Tomatenketchup
2 cl Weinbrand (oder Whiskey)
1 Prise gemahlener Pfeffer
50 g Sahne
200 ml Wasser

Programm: normal
Brot/Teigtyp: Brot oder Brot schnell
Bräunung: mittel

Mal was anderes – Ketchup nicht auf, sondern im Brot.

Zum Ketchupbrot für Tini passen: bunte Salate, frische Blattsalate, Streichkäse und Quarkmischungen.

dazu passt...

Ziegenkäsepfanne mit Gemüsen

Zutaten für 4 Portionen

1/2 Bund Suppengemüse
1 kleine Dose Gemüsemais (etwa 250 g)
3 EL Pflanzenöl
3 EL Sherry
200 g gekochter Reis (vom Vortag)
200 g Ziegenkäse, klein gewürfelt
Salz und schwarzer Pfeffer

Zubereitungszeit: 20 Minuten

1 Das Suppengemüse waschen, in dünne Streifen schneiden. Den Mais abtropfen lassen.
2 Das Pflanzenöl erhitzen und darin das Suppengemüse 5 bis 8 Minuten dünsten. Gemüsemais unterheben.
3 Mit Sherry beträufeln, den Reis unterheben und alles würzen.
4 Den Ziegenkäse zugeben und einen Deckel darauf setzen. Einige Minuten schmoren, dann servieren.

Das Suppengemüse gibt diesem Pfannengericht erst die richtige Würze.

Pfirsichbrot mit Safran

Backen Sie doch einfach Ihren Lieblingsjoghurt ins Brot, und dazu die passende Marmelade.

Zutaten

1 Päckchen Trockenhefe
300 g Weizenmehl Type 550
180 g Roggenmehl Type 1150
2 EL Zucker
2 EL Leinsamen
1 TL Salz
1 Döschen gemahlener Safran
30 g Butter
1 EL Pfirsichmarmelade
150 g Pfirsichjoghurt
150 ml Wasser

Programm: normal
Brot/Teigtyp: Brot
Bräunung: mittel

Zum Pfirsichbrot mit Safran passen: asiatische Chutneys und Relishes, Schafskäse, Hühnerfleisch, Gemüse und Salate.

...dazu passt

Aprikosenchutney mit Pfirsichbrot

Zutaten für 4 Portionen

500 g frische Aprikosen, blanchiert und gehäutet
2 Fleischtomaten, blanchiert und gehäutet
2 Schalotten
2 Knoblauchzehen
2 cm frische Ingwerwurzel
100 g Rohrzucker
100 ml Weißweinessig
1/2 TL Salz
1 kräftige Prise Cayennepfeffer
grob geschroteter Pfeffer
8 Scheiben Pfirsichbrot

Zubereitungszeit: 45 Minuten

1 Die Aprikosen klein würfeln. Tomaten entkernen und klein würfeln.
2 Die Schalotten, die Knoblauchzehen sowie den Ingwer abziehen und fein würfeln. Alle Zutaten in einem Topf verrühren und bei mittlerer Hitze etwa 30 Minuten einkochen lassen. Nochmals abschmecken und abkühlen lassen.
3 Die Brotscheiben im Backofengrill oder im Toaster bräunen. Diagonal zu Dreiecken schneiden und mit dem Chutney als Vorspeise oder als Happen zwischendurch servieren.

Pistazien-Huhn-Brot

Ein ungewöhnliches Rezept, das durch Pistazien und Gewürze besticht.

Zutaten

1 Päckchen Trockenhefe
450 g Weizenmehl Type 405
1 TL Salz
1/2 TL Knoblauchsalz
1/2 TL Steak-Gewürzzubereitung
50 g fein gehackte Pistazien
150 g fein gehacktes Hühnerfleisch, in 2 EL Pflanzenöl gebraten und abgekühlt
1 EL asiatische Chilisauce
320 ml Wasser

Programm: normal
Brot/Teigtyp: Brot oder Rosinen
Bräunung: mittel

Hier wird es asiatisch: mit Pistazien und Kokos, Curry und Mu-Err-Pilzen

Zum Pistazien-Huhn-Brot passen: gemischte Salate, Gemüsepfannen, Suppen und Grillgerichte.

dazu passt...

Buntes Gemüse aus dem Wok

Zutaten für 4 Portionen

2 Knoblauchzehen
4 Frühlingszwiebeln
100 g Sojabohnensprossen
4 Blätter Chinakohl
100 g Bambussprossen (Glas)
3 EL Pflanzenöl
1/2 TL thailändische Currypaste
4 getrocknete Mu-Err-Pilze, eingeweicht
100 g Kokosnusspaste
1/8 l Gemüsebrühe
Salz und schwarzer Pfeffer
2–3 EL Sojasauce

Zubereitungszeit: 30 Minuten

1 Knoblauch und Zwiebeln fein würfeln. Die Sojabohnensprossen waschen und trockenschwenken. Chinakohl waschen, in Streifen schneiden, Bambussprossen abtropfen lassen.
2 Pflanzenöl erhitzen und darin die Currypaste verrühren. Knoblauch und Frühlingszwiebeln andünsten.
3 Die Pilze ausdrücken, in Streifen schneiden und dazugeben, die anderen Gemüse unter Rühren mitbraten. Kokosnuss in die Gemüsebrühe schaben und das Gemüse begießen. Kurz aufkochen lassen, würzen und sofort servieren.

Sherry-Oliven-Brot

Für heiße spanische Nächte – mit oder ohne Flamenco. Und dazu ein feuriger Salat.

Zutaten

1 Päckchen Trockenhefe
500 g Weizenmehl Type 1050
1 TL Salz
1 TL Zucker
5 cl Sherry
85 g klein gehackte Kräuteroliven
1/4 TL grob geschroteter schwarzer Pfeffer
2 EL Olivenöl
300 ml Wasser

Programm: normal
Brot/Teigtyp: Brot schnell
Bräunung: mittel

Das passt zu Sherry-Oliven-Brot: spanische Tapas quer durch die Vitrine, gegrillter Fisch, Fischeintopf.

...dazu passt

Spanischer Romanasalat

Von der spanischen Küche beeinflusst sind Brot mit Sherry und Salat mit Tomatensauce.

Zutaten für 4 Portionen

100 g gemahlene Mandeln
1 großer Romanasalat
1 Schalotte
3 Knoblauchzehen
8 EL Olivenöl
1 EL Zucker
250-g-Dose geschälte Tomaten im Saft
5 EL Sherryessig (oder Rotweinessig)
Salz, schwarzer Pfeffer

Zubereitungszeit: 30 Minuten
Kühlzeit: 1 Stunde

1 Die Mandeln rösten. Den Salat waschen, trockenschwenken und streifig schneiden. Die Schalotte sowie die Knoblauchzehen abziehen und fein würfeln.

2 In einer großen Pfanne mit hohem Rand das Olivenöl erhitzen. Schalotten- und Knoblauchwürfel darin unter Rühren andünsten. Den Zucker darin auflösen.

3 Die Tomaten klein schneiden und mit dem Saft in die Pfanne rühren. Einige Minuten einkochen lassen und dann Mandeln sowie 3 Esslöffel Sherryessig einrühren, leise kochen lassen, mit Salz und Pfeffer würzen.

4 Salat auf vier Teller legen, den abgekühlten Pfanneninhalt darauf verteilen und die mit Sherryessig abgeschmeckte Sauce darüber geben.

Simple Low-Fat-Brot

Sollten Sie auf die Linie gucken? Mit diesem Brot gelingt's problemlos und schmackhaft.

Zutaten

1 Päckchen Trockenhefe
500 g Weizenmehl Type 405
2 TL Meersalz
50 g Kürbiskerne
380 ml Wasser

Programm: normal
Brot/Teigtyp: Brot schnell
Bräunung: mittel

Zum Simple Low-Fat-Brot passen alle Beilagen, die nicht zu viele Kalorien haben, beispielsweise fettreduzierte Streichkäse, Salatstreifen und Tomaten als Belag, Magerquark oder Rohkostsalate.

Kürbiskerne wirken entwässernd und schmecken gut im Brot. Man kann sie aber auch einfach weglassen.

dazu passt…

Selbst gemachter Quark

Zutaten für 4 Portionen

1 l pasteurisierte Vollmilch (keine H-Milch)
50 ml Buttermilch oder Dickmilch
1 Bund Schnittlauchröllchen
1 gewürfelte Zwiebel
Salz und schwarzer Pfeffer

1 Die Milch und die Buttermilch in eine Steingutschüssel gießen, mit einem Küchentuch abdecken und an einen warmen Platz – neben dem Herd – stellen. Es dauert etwa drei Tage, bis sich der »Bruch« bildet. Die Milch hat sich sichtlich geteilt.

2 Ein Haarsieb mit einem Baumwoll- oder Mulltuch auslegen. Den Inhalt der Steingutschüssel hineingießen. Im Sieb bleibt der Bruch.

3 Diesen 1 1/2 bis 2 Stunden abtropfen lassen.

4 Den Bruch in eine Schüssel umfüllen und mit Schnittlauchröllchen, Zwiebelwürfeln, Salz und Pfeffer anmachen. Sofort servieren.

Selbst gemachter Quark ist mit gekauftem einfach nicht zu überbieten.

Senfkörnerbrot mit Schinken

Würzig und pikant wird dieses herzhafte Brot durch zerstoßene Senfkörner, Senf und Schinkenwürfel.

Zutaten

1 Päckchen Trockenhefe
450 g Weizenmehl Type 550
1 TL Salz
3 EL gelbe Senfkörner, im Mörser grob zermahlen
2 EL Distelöl
1 TL mittelscharfer Senf (oder Dijon-Senf)
100 g fein gewürfelter Kochschinken
320 ml Wasser

Programm: normal
Brot/Teigtyp: Brot
Bräunung: mittel

Zum Senfkörnerbrot mit Schinken passen: Butter mit Schnittlauchröllchen, Würstl, Currywurst und Kasseler.

...dazu passt

Sauerkraut mit Kasseler

Gut abgestimmt: Die leichte Schärfe des Brots passt ideal zu Kasseler und deftigen Würsten.

Zutaten für 4 Portionen

1 Zwiebel
1 Apfel
100 g geräucherte Speckwürfel
3 EL Pflanzenöl
500 g Sauerkraut (Dose)
1/8 l Weißwein
1/8 l Gemüse- oder Fleischbrühe
Salz
schwarzer Pfeffer
Einige Wacholderbeeren
4 gekochte Kasseler Scheiben

Zubereitungszeit: 40 Minuten

1 Die Zwiebel abziehen, halbieren und in Streifen schneiden. Den Apfel schälen, entkernen und in dünne Streifen schneiden.

2 In einem Topf die Speckwürfel »auslassen«, Pflanzenöl zugießen und darin Zwiebel- und Apfelstreifen andünsten.

3 Den Topfinhalt mit Weißwein und Brühe aufgießen und bei milder Hitze etwa 20 Minuten leise kochen lassen. Mit Salz, Pfeffer und Wacholderbeeren würzen.

4 Die Kasseler Scheiben auf das Sauerkraut legen und danach mit etwas Brühe begießen. Den Topf nun mit einem Deckel verschließen und die Kasseler gut erhitzen, anschließend servieren.

Pizzabrot mit Champignons

Gesund und en vogue, verfeinert mit Chili, italienischen Kräutern und einem Schuss Olivenöl.

Zutaten

1 Päckchen Trockenhefe
400 g Weizenmehl Type 1050
1 TL Zucker, 1 TL Salz
2 EL Tomatenmark
1 zerbröselte, getrocknete Chili
1 TL Knoblauchpulver
1 EL getrocknete, italienische Kräuter
100 g fein gehackte Champignons
1 milde Peperoni, fein gehackt
2 EL Olivenöl
300 ml Wasser

Programm: normal
Brot/Teigtyp: Brot
Bräunung: mittel

Hierzu passen: Tomatensuppe, Blattsalate, eingelegte Gemüse.

dazu passt…

Bagna Cauda (Italienisches Gemüsebad)

Zutaten für 4 Portionen

1 Glas eingelegte Artischockenherzen
200 g frische Champignons
2 Stangen Staudensellerie
1 Bund Frühlingsmöhrchen
4 Knoblauchzehen
100 g entgrätete Sardellenfilets
50 ml Olivenöl
200 g Sahne
200 ml Gemüsebrühe

Zubereitungszeit: 30 Minuten

1 Artischockenherzen vierteln. Champignons häuten und je nach Größe halbieren oder vierteln. Den Staudensellerie entfädeln, waschen und anschließend in mundgerechte Stücke schneiden.

2 Die Frühlingsmöhrchen putzen, waschen und ganz lassen. Die Knoblauchzehen abziehen und durch eine Presse drücken. Die Sardellenfilets kalt abspülen, trockentupfen und ganz fein hacken.

3 Den Fonduetopf auf den Herd stellen und darin das Olivenöl erhitzen. Knoblauch und Sardellen unter Rühren andünsten. Sahne und Gemüsebrühe zugießen und so lange rühren, bis sich alles zu einer homogenen Sauce verbindet.

4 Den Fonduetopf auf den Tisch stellen und die Zutaten anrichten.

So essen Sie die Bagna Cauda: Die Gemüse einzeln auf Spieße stecken und in dem »warmen Bad« einige Minuten garen lassen. Zuletzt die Sauce mit dem Pizzabrot austunken.

Husumer Krabbenbrot

Die ganze Meeresfrische wird in dieses Brot miteingebacken. Und dazu passt ein pikanter Salat.

Eine Meeresbrise weht mit dem Krabbenbrot in die Küche.

Zutaten

1 Päckchen Trockenhefe
450 g Weizenmehl Type 405
1 Ei
1 TL Meersalz
1 TL Zucker
1 Bund frisch gehackter Dill (ersatzweise 1 TL getrockneter Dill)
130 g fein gehackte Nordseekrabben, vermischt mit 1 EL Zitronensaft
2 cl Korn (klarer Branntwein)
2 EL Sonnenblumenöl
250 ml Wasser

Programm: normal
Brot/Teigtyp: Brot schnell
Bräunung: mittel

Zum Husumer Krabbenbrot passen: Mayonnaise oder Remoulade, gewürzt mit frischen Kräutern, gegrillter oder gebeizter Lachs und andere Meeresfische, frische Matjesfilets.

...dazu passt

Gelber Matjessalat mit Äpfeln

Zutaten für 4 Portionen

200 g Matjesfilets
1 großer Apfel (Boskop)
1 Zwiebel
100 g Mayonnaise
100 g saure Sahne
1 EL Zitronensaft
1/2 TL gemahlener Curry
Salz
Schwarzer Pfeffer

Zubereitungszeit: 20 Minuten

1 Die Matjesfilets unter kaltem, fließendem Wasser waschen, trockentupfen und in mundgerechte Stückchen schneiden.

2 Den Apfel waschen, entkernen und in dünne Stifte schneiden. Die Zwiebel abziehen, halbieren und in Streifen schneiden.

3 In einer Schüssel Mayonnaise mit saurer Sahne, Zitronensaft, Curry, Salz und Pfeffer verrühren. Matjesstücke, Apfelstifte und Zwiebelstreifen unterheben. Abschmecken und auf vier Teller verteilen.

Schafskäse-Oliven-Brot

Mediterranen Gusto ins Brot backen können Sie mit diesem Brot dank Oliven und Käse.

Zutaten

1 Päckchen Trockenhefe
400 g Weizenmehl Type 550
1 TL Salz
2 Knoblauchzehen, fein zerrieben
50 g gehackte schwarze und grüne Oliven
100 g fein zerkleinerter Schafskäse
3 EL Olivenöl
1 TL getrockneter Oregano
1 TL getrockneter Dill
1 TL Gyros-Gewürzzubereitung
300 ml Wasser

Programm: normal
Brot/Teigtyp: Brot schnell
Bräunung: mittel

Von griechischen Zutaten ließen wir uns bei diesem Brot inspirieren.

Zum Schafskäse-Oliven-Brot passen: Fisch, Eintöpfe, Salate und Gemüse.

dazu passt...

Pfannengeschnetzeltes nach Gyrosart

Zutaten für 4 Portionen

400 g Kalbsschnitzel
Salz
Schwarzer Pfeffer
1 EL Gyros-Gewürzzubereitung
100 g schwarze Oliven
4 Knoblauchzehen
500 g Vollmilchjoghurt
1/2 Eisbergsalat
4 EL Pflanzenöl

Zubereitungszeit: 20 Minuten

1 Die Kalbsschnitzel in dünne Scheibchen schneiden. Mit Salz, schwarzem Pfeffer und Gyros-Gewürzzubereitung gründlich einreiben. Die schwarzen Oliven entsteinen und in Streifen schneiden.

2 Die Knoblauchzehen abziehen und durch eine Presse in den Vollmilchjoghurt drücken. Olivenstreifen unterheben, 2 EL Pflanzenöl zugeben und mit Salz und schwarzem Pfeffer würzen.

3 Den Eisbergsalat waschen, abtropfen lassen und in Streifen schneiden. Auf vier Teller verteilen.

4 In einer Pfanne das restliche Pflanzenöl erhitzen und darin portionsweise die Fleischscheibchen von allen Seiten scharf braten. Auf den Salattellern verteilen und den Vollmilchjoghurt dazu anrichten.

Mischbrot mit Kräutercroutons

Croutons
Zwei bis drei Tage alte Brotreste in etwa 1/2 Zentimeter große Würfel schneiden. In einer Pfanne Butter erhitzen und die Brotwürfel darin goldgelb braten. Herausnehmen und abkühlen lassen.

Die Bäckerei gelingt durch die Zugabe von Kräutercroutons – entweder fertig oder selbst hergestellt.

Zutaten

1 Päckchen Trockenhefe
100 g Maismehl
200 g Weizenmehl Type 550
150 g Weizenmehl Type 405
1 TL Zucker
1 TL Salz
1 Prise schwarzer Pfeffer
1 EL Butter
100 g grob zerkrümelte Kräutercroutons
150 ml Vollmilch
150 ml Wasser

Programm: Vollwert
Brot/Teigtyp: Brot schnell

Zum Mischbrot mit Kräutercroutons passen: klare Suppen, Gerichte mit viel Sauce »zum Aufwischen«, gemischte Salate, Frankfurter Würstchen mit Krautsalat.

...dazu passt

Kräuteraufstrich mit Käse

Frische Kräuter bringen den Süden und die Sonne auf den Tisch.

Zutaten für 4 Portionen

1/2 Bund gemischte Kräuter (Petersilie, Thymian, Schnittlauch, Rosmarin)
100 g Sahnequark
100 g Doppelrahmfrischkäse
50 ml Sahne
50 g frisch geriebener Emmentaler
Salz
Schwarzer Pfeffer

Zubereitungszeit: 15 Minuten

1 Die Kräuter waschen, trockenschwenken und fein hacken. Sahnequark, Doppelrahmfrischkäse und Sahne cremig verrühren.
2 Kräuter und Emmentaler unter die Creme rühren. Mit Salz und Pfeffer würzen.

Knofelbrot mit Oregano

Damit halten Sie alle Vampire ab. Aber Ihre Freunde werden nicht widerstehen können…

Zutaten

1 Päckchen Trockenhefe
250 g Weizenmehl Type 550
250 g Weizenmehl Type 405
2 EL Olivenöl
1 TL getrockneter Oregano
100 g Knoblauchstückchen, in Olivenöl gedünstet und abgekühlt
1 TL Zuckerrübensirup
300 ml Wasser

Programm: normal
Brot/Teigtyp: Brot schnell
Bräunung: mittel

Zum Knofelbrot passen: luftgetrocknete Wurst, Mortadella, Coppa di Parma, Butter, Quark, Mascarpone mit Kräutern, Oliven und Salat.

dazu passt…

Grüne Mayo

Zutaten für 4 Portionen

50 g Sesamsamen
2 Kästchen Kresse
1 grüne Paprikaschote
2 frische Eigelbe
1 EL mittelscharfer Senf (Dijon)
150 ml Olivenöl
Kräutersalz
Grob geschroteter schwarzer Pfeffer
1 EL Zitronensaft
2 EL Orangensaft
1 Spritzer Weißweinessig

Zubereitungszeit: 20 Minuten

1 Den Sesamsamen rösten und auf einem Teller abkühlen lassen.

2 Die Kresse aus den Kästchen schneiden, waschen, trockentupfen und fein hacken. Die Paprikaschote waschen, entkernen und in kleine Würfel schneiden.

3 Mit einem elektrischen Handrührgerät Eigelbe und Senf cremig rühren. Nach und nach, teelöffelweise, das Olivenöl unterschlagen, bis eine cremige Konsistenz entsteht.

4 Die so entstandene Mayonnaise mit Kräutersalz, Pfeffer, Zitronen- und Orangensaft sowie mit Weißweinessig abschmecken. Kresse und Paprikawürfel unterheben. In vier Portionsschalen füllen und zum Knofelbrot servieren.

Ungewöhnlich wirkt nicht nur die Farbe, sondern auch der Orangengeschmack dieser Mayonnaise.

Schmandbrot mit Kreuzkümmel

Bodenständiges Roggenbrot international aufgepeppt – dafür sorgen Kreuzkümmel, Koriander und Piment.

Zutaten

1 Päckchen Trockenhefe
300 g Weizenmehl Type 1050
150 g Roggenvollkornmehl
1 TL Salz
1/4 TL schwarzer Pfeffer
1 TL Zucker
1/4 TL gemahlener Piment
1 TL Kreuzkümmel
1 TL gemahlener Koriander
1 TL gemischte Kräuter (TK)
200 g Schmand
200 ml Wasser

Programm: normal
Brot/Teigtyp: Brot schnell
Bräunung: mittel

Zum Schmandbrot passen: deftige Fleisch- und Gemüseeintöpfe, vegetarische Aufstriche, Ajvar, Chilisauce zum Dippen.

...dazu passt

Arabischer Lammhackfleisch-Eintopf

Die Würzmischung macht's – alle vorstellbaren Wohlgerüche arabischer Küche vereint der Eintopf, und auch das Brot passt sich an.

Zutaten für 4 Portionen

1 Bund Frühlingszwiebeln
4 Knoblauchzehen
6 EL Olivenöl
500 g Lammhackfleisch
1 EL Tomatenmark
Salz
Schwarzer Pfeffer
1/4 TL gemahlener Ingwer
1 TL gemahlener Koriander
1/4 TL gemahlene Nelken
1/4 TL gemahlener Piment
1 TL gemahlener Kreuzkümmel
1 Dose geschälte Tomaten im Saft
100 ml Gemüsebrühe
100 g Rosinen
50 g Pinienkerne
Nach Belieben:
1/2 Bund frische Minze
500 g Vollmilchjoghurt
Saft von 1/2 Zitrone

Zubereitungszeit: 40 Minuten

1 Die Frühlingszwiebeln waschen, putzen und in feine Scheibchen schneiden. Die Knoblauchzehen abziehen und fein würfeln.
2 In einem breiten Topf das Olivenöl erhitzen und darin die Frühlingszwie-

beln sowie die Knoblauchzehen andünsten, aber nicht braun werden lassen.

3 Das Lammhackfleisch zugeben und unter Rühren krümelig braten. Das Tomatenmark einrühren, kurz durchrösten und mit Salz, Pfeffer, Ingwer, Koriander, Nelken, Piment und Kreuzkümmel nach Belieben abschmecken.

4 Die Tomaten in kleine Stückchen schneiden und zusammen mit dem Saft in den Topf rühren. Mit Gemüsebrühe aufgießen. Rosinen und Pinienkerne hinzufügen. Die Gemüsemischung etwa 15 Minuten leise kochen lassen.

5 Nach Belieben die Minze waschen, trockenschwenken, von den Stielen zupfen und in Streifen schneiden. Unter den Joghurt rühren und mit Salz, Pfeffer sowie mit Zitronensaft abschmecken.

6 Den Eintopf auf Teller verteilen und mit Minzejoghurt löffelweise überziehen.

Mit Minze und Zitronensaft ergibt sich die frische Note.

Zum orientalisch deftigen Eintopf passt das Brot mit Koriander und Kreuzkümmel wunderbar.

Tapenadebrot mit Oliven

Sommergemüse, Oliven und Knoblauch – ein Gericht für sonnige Tage, für Grillfeste im Garten.

Südfranzösisch angehaucht sind das Brot und das dazu servierte Gemüse von Auberginen und Zucchini.

Zutaten

1 Päckchen Trockenhefe
450 g Weizenmehl Type 405
1 TL Salz
1 TL Kräuter der Provence
1/4 TL gemahlener Knoblauch
150 g fein gehackte, schwarze Oliven
3 EL Olivenöl
300 ml Wasser

Programm: normal
Brot/Teigtyp: Brot schnell
Bräunung: mittel

Zum Tapenadebrot passen: Zucchini- und Auberginengemüse, mediterrane Eintöpfe, Lammfleisch.

...dazu passt

Ratatouille

Zutaten für 4 Portionen

1 kleine Aubergine
250 g Zucchini
1 Schalotte
2 Knoblauchzehen
1 Dose geschälte Tomaten im Saft (etwa 450 g)
5 EL Olivenöl
Salz und schwarzer Pfeffer
1 TL getrockneter Rosmarin
50 ml trockener Rotwein
100 g Kräuter-Crème fraîche

Zubereitungszeit: 40 Minuten

1 Aubergine waschen, vierteln, in Scheiben schneiden. Für etwa 10 Minuten in kaltes Salzwasser legen.

2 Inzwischen die Zucchini waschen und in Scheiben schneiden. Die Schalotte abziehen und fein würfeln. Die Tomaten kleiner schneiden und zurück in den Saft legen.

3 Die Auberginen abgießen und mit Küchenpapier trockentupfen. In einem breiten Topf das Olivenöl erhitzen und darin die Schalottenwürfel andünsten. Auberginen und Zucchini darin braten.

4 Die Tomaten mit Saft sowie den Rotwein hinzufügen. Mit Salz, Pfeffer und Rosmarin würzen. Bei geschlossenem Topf etwa 20 Minuten schmoren lassen. Zum Servieren auf vier Teller geben und mit der Kräuter-Crème fraîche garnieren.

Quarkbrot mit Mais und Erbsen

Trotz Zöliakie toll schlemmen gelingt mit diesem Brot, das auf herkömmliche Mehle verzichtet.

Zutaten

1 Päckchen Trockenhefe
200 g Maismehl
200 g Speisestärke
1 TL Salz
1 TL Zucker
1 Msp. rosenscharfes Paprikapulver
1 Ei
250 g Magerquark
4 EL Milch
150 g abgetropfte Gemüsemais-Erbsenmischung (Dose)

Programm: normal
Brot/Teigtyp: Brot oder Rosinen
Bräunung: mittel

Zum Quarkbrot passen: Salate, eingelegte Gemüse, Avocadodipp.

Einfach gemacht, aber raffiniert im Geschmack: Tartar aus Lachs und dazu Gemüsebrot.

dazu passt...

Einfaches Lachstartar

Zutaten für 4 Portionen

400 g frisches, enthäutetes Lachsfilet
4 EL Olivenöl
Salz
Schwarzer Pfeffer
1 Prise Zucker
1 EL Zitronensaft
1/2 TL gehackter Dill (TK)

Zubereitungszeit: 20 Minuten
Kühlzeit: 30 Minuten

1 Lachs in dünne Scheiben und dann in sehr feine Würfel schneiden.
2 Mit Olivenöl, Salz, Pfeffer, Zucker, Zitronensaft und Dill verrühren, abschmecken, mit Folie abdecken und 30 Minuten im Kühlschrank ziehen lassen.
3 Auf vier Tellern anrichten. In Dreiecke geschnittenes Brot rundherum anrichten.

Für den Lachstatar sollten Sie sich an der Fischtheke ein wirklich frisches Filet geben lassen.

Norweger-Lachsbrot

So einem saftigen Sandwich kann keiner widerstehen!

Ein ganz schön wagemutiges Seefahreressen – das Brot mit Räucherlachs, Dill und Koriander.
Und der Klare danach ist auch schon mit drin. Wohl bekomms!

Zutaten

1 Päckchen Trockenhefe
200 g Weizenmehl Type 550
250 g Weizenmehl Type 405
1 TL Meersalz
1 TL Zucker
1 TL zerstoßener Koriander
1 EL frisch gehackter Dill
150 g sehr fein gehackter Räucherlachs, vermischt mit 1 EL saurer Sahne und 1 EL Zitronensaft
4 cl weißer Branntwein (Klarer)
2 EL Olivenöl
250 ml Wasser

Programm: normal
Brot/Teigtyp: Brot
Bräunung: mittel

Zu diesem Norweger-Lachsbrot passen: Brotaufstriche wie Kräutersahne, Remoulade oder spanische Knoblauchsauce »Aioli«. Dazu verschiedene Räucherfische, Garnelen und Gemüse servieren.

...dazu passt

Gurkensalat mit Norweger-Lachsbrötchen

Zutaten für 4 Beilagenportionen

1 1/2 Salatgurken
1/2 Bund frischer Dill
200 g saure Sahne
Salz
Schwarzer Pfeffer
1 Prise Zucker
1 TL weißer Essig
8 Scheiben Norweger-Lachsbrötchen
8 Blätter Kopfsalat
200 g geschälte Garnelen

Zubereitungszeit: 20 Minuten

1 Die Salatgurken waschen, nicht schälen und in sehr feine Scheiben hobeln. Den Dill waschen, trockenschwenken, von den Stielen zupfen und fein hacken.

2 Saure Sahne mit Dill und Gurkenscheibchen locker vermengen. Mit Salz, Pfeffer, Zucker und Essig abschmecken.

3 Je zwei Norweger-Lachsbrötchen mit Kopfsalatblättern, Garnelen und Gurkensalat belegen und auf vier Tellern anrichten.

Hollandske Kaas-Weinbrot

Ein Weißbrot mit leckerem Inhalt, das durch Wein besonders schmackhaft ist und ideal für ein Fondue passt.

Zutaten

1 Päckchen Trockenhefe
500 g Weizenmehl Type 405
1 TL Kräutersalz
150 g fein geriebener Gouda
2 EL Sonnenblumenöl
200 ml trockener Weißwein
100 ml Wasser

Programm: normal
Brot/Teigtyp: Brot schnell
Bräunung: mittel

Zum Hollandske Kaas-Weinbrot passen: gekochter Schinken, eingelegte Gemüse, noch mehr Käse wie alter und junger Gouda, Cornichons. Und selbstverständlich darf der restliche Inhalt der Weißweinflasche nicht fehlen.

Hier stellen wir Ihnen noch ein Fondue vor, zu dem selbst gemachtes Brot besonders gut passt.

dazu passt…

Käse-Gemüse-Fondue

Zutaten für 4 Portionen

1 fertiges Hollandske Kaas-Weinbrot (oder halbes, je nach Appetit)
250 g Zucchini
250 g Cocktailtomaten
200 g gekochter Schinken
500 g alter und junger Gouda
1/4 l trockener Weißwein
1 EL Speisestärke
1 Prise rosenscharfes Paprikapulver
Salz
Grob geschroteter Pfeffer

Zubereitungszeit: 30 Minuten

1 Das Brot in mundgerechte, gleich große Stücke schneiden. In einen Brotkorb, umhüllt mit einer Stoffserviette, geben.

2 Die Zucchini waschen und in dünne Scheiben schneiden.

3 Die Tomaten waschen, trockentupfen und die Stielansätze entfernen. Den Schinken in kleinere Stücke schneiden oder zu Röllchen formen.

4 Den Käse in kleine Würfel schneiden oder reiben und zusammen mit Weißwein sowie Speisestärke in einem Topf unter Rühren zum Schmelzen bringen.

5 Alle Zutaten auf dem Tisch anrichten. Den geschmolzenen Käse in den Fonduetopf füllen und auf den erwärmten Tischrechaud stellen.

Die Experimentierfreude siegt in diesem Kapitel. Es gibt fast nichts, was nicht ins Brot passt oder aufs Brot drauf.

Verrückt – *aber* mit neuem Gusto

Anders als leicht verrückt kann man die Rezeptideen in diesem Kapitel nicht nennen, denn Rahmspinat in ein Brot mit einzubacken ist, sagen wir mal, nicht ganz normal. Geschmacklich ist es umwerfend – und Spinatfans können sich gar nicht mehr einkriegen und verlangen ständig nach Nachschub. Das Gleiche könnte man mit Mangold oder Grünkohl ausprobieren. Sie glauben gar nicht, welche kreativen Ideen bei einem Back-Doppel, wie bei uns, förmlich sprudeln. Ich kenne mehrere, die verrückt nach Fondor sind. Also probierten wir aus, wie viel Fondor nötig ist, um das Brot zu würzen. Oder Caro liebt Zuckerrübensirup über alles. Was lag also näher, als diesen ins Brot zu backen? Letztlich konnten wir gar nicht alle Brotideen in diesem Buch unterbringen, denn von einem neuen Rezept entstanden wieder neue Varianten. Dann hatten wir eine gute Idee, die ausprobiert werden musste; aus der folgte ein anderes Rezept usw.

So kann nichts schiefgehen

Aber auch in diesem Kapitel gilt: Es ist fast alles möglich – und am Ende zählt nur der Geschmack. Die Qualität und Beschaffenheit der Grundprodukte müssen einwandfrei und qualitativ hochwertig sein, dann wird es auch ein luxuriöses Gourmetbrot. Preislich gesehen gehören die Rezepte in diesem Kapitel zu den teuersten im Buch, denn es sind ausgesuchte und nicht immer alltägliche Zutaten für die Gerichte nötig. Doch auch hier haben Sie, wie in allen Kapiteln, es selbst in Ihren »Backhänden«, wie viel Ihr Brot kosten darf, mit was Sie sich und Ihre Lieben überraschen möchten. Lassen Sie sich von uns anregen, eigene Ideen auszuprobieren. Es macht Spaß und schmeckt herrlich.

Der Genießer kommt hier auf seine Kosten.

Ideen für jeden Geschmack

Geschmacklich bieten wir Ihnen neue »tolle Doppel«, z. B. das Proseccobrot mit Parmaschinken mit dem Vorschlag, was dazu passt, aber auch ein Rezept, bei dem das Proseccobrot weiterverarbeitet wird. Langeweile kommt bei diesen Rezepten bestimmt nicht auf. Damit zaubern Sie immer wieder neue Köstlichkeiten auf die Teller Ihrer Lieben.

Grünes Blubb-Brot

Verrückter geht's nicht – die schöne grüne Farbe des Spinats im Brot überrascht jeden Esser.

Ein Fest fürs Auge – vielleicht etwas gewöhnungsbedürftig. Aber der Geschmack überzeugt alle Zweifler.

Zutaten

1 Päckchen Trockenhefe
250 g Weizenmehl Type 550
150 g Roggenmehl Type 1150
1 TL Zucker
1 TL Salz
1/4 TL gemahlener, schwarzer Pfeffer
1/2 TL edelsüßes Paprikapulver
1/2 TL Fondor
50 g geriebener Emmentaler
150 g kalter, aufgetauter Rahmspinat
200 ml Wasser

Programm: normal
Brotteigtyp: Brot schnell
Bräunung: mittel

Zum Blubb-Brot passen: Käse, Schinken, Wurst und pikante Brotaufstriche.

...dazu passt

Schinkencreme

Dieser köstliche Brotaufstrich mit gekochtem Schinken geht ruck-zuck.

Zutaten für 4 Portionen

150 g gekochter Schinken
250 g Frischkäse
200 g saure Sahne (1 Becher)
1 TL Tomatenmark
1 EL Orangensaft
50 g gehackte Walnüsse
Salz
Schwarzer Pfeffer
Für die Garnitur:
8 Walnusshälften

Zubereitungszeit: 10 Minuten

1 Den Schinken fein würfeln. Frischkäse, saure Sahne, Tomatenmark und Orangensaft cremig verrühren. Schinken und Walnüsse unterheben.

2 Die Creme mit Salz und Pfeffer abschmecken. Auf vier Portionsschalen verteilen und mit den Walnusshälften garnieren.

Maggi-Kult-Brot mit Suppengemüse

Maggi – eine beliebte Suppenwürze. Wer hätte gedacht, dass sie auch zu Brot passt. Doch probieren Sie selbst, und lassen Sie sich überzeugen.

Zutaten

1 Päckchen Trockenhefe
250 g Weizenmehl Type 1050
250 g Weizenmehl Typ 550
3 EL flüssige Maggiwürze
150 g klein gewürfeltes, frisches Suppengemüse (Lauch, Möhre, Sellerie)
280 ml Wasser

Programm: normal
Brot/Teigtyp: Brot schnell
Bräunung: mittel

Hierzu passen: verschiedene Suppen, Gulasch, Butter mit frischer Petersilie und Käse.

dazu passt...

Kartoffelsuppe mit Maggibrot

Zutaten für 4 Portionen

1 Zwiebel
1 Knoblauchzehe
1/2 Lauchstange
1 Karotte
500 g Kartoffeln
4 EL Butter
Salz
Schwarzer Pfeffer
1 TL getrockneter Oregano und Majoran
1 l Fleischbrühe (Instant)
4 Scheiben Maggibrot
50 g Kräuter-Crème fraîche

Zubereitungszeit: 50 Minuten

1 Zwiebeln und Knoblauch abziehen, klein schneiden. Lauch und Karotten waschen, in Scheiben schneiden. Kartoffeln waschen, schälen und würfeln.
2 In einem Topf die Hälfte der Butter erhitzen und das Gemüse andünsten.
3 Mit Salz, Pfeffer und Kräuter würzen. Mit Fleischbrühe aufgießen, aufkochen und bei mittlerer Hitze 20 Minuten offen kochen lassen.
4 Inzwischen die Brotscheiben in etwa 1/2 Zentimeter große Würfel schneiden und in der restlichen, heißen Butter von allen Seiten rösten.
5 Sobald die Kartoffeln zerfallen, die Suppe mit einem Mixstab grob pürieren. Nochmals abschmecken und mit Kräuter-Crème fraîche verfeinern. Die Suppe auf vorgewärmte Teller verteilen und mit Brotwürfeln bestreuen.

Mit dem Maggibrot als Beilage kann die Kartoffelsuppe nur gewinnen.

Fondorbrot à la Heide

Ideal zum Fondue: Die Fondorbrotstücke auf Spieße stecken und in das unten beschriebene rote Käsefondue tauchen.

Modernen Allroundgenuss bietet das Fondorbrot à la Heide, zu dem viele Aufstriche und Beilagen passen.

Zutaten

1 Päckchen Trockenhefe
500 g Weizenmehl Type 405
3 EL Feinwürzmittel »Fondor«
1 EL Pflanzenöl
320 ml Wasser

Programm: normal
Brot/Teigtyp: Brot schnell
Bräunung: mittel

Zum Fondorbrot à la Heide passen: Kräuterbutter, die mit frischen Schnittlauchröllchen gemischt ist, Aufschnittvariationen, Streichkäse, Quark, Liptauer, Frischkäse und verschiedene Käsesorten.

...dazu passt

Rotes Käsefondue mit Fondorbrot

Nach dieser Schlemmerei gibt's wohl nie wieder Baguette zum Käsefondue.

Zutaten für 4 Portionen

8 dicke Scheiben Fondorbrot
500 g Käse am Stück (Gouda und Emmentaler oder Greyerzer mit Provolone)
1/4 l trockener Weißwein
1 EL Mehl
1 EL Tomatenmark
1 EL Olivenöl
Salz und schwarzer Pfeffer

Zubereitungszeit: 30 Minuten

1 Das Fondorbrot in mundgerechte Stücke schneiden und im Brotkorb in eine Serviette hüllen. Den Käse auf einer Küchenreibe raffeln.

2 Den Käse mit Weißwein, Mehl, Tomatenmark und Olivenöl im Fonduetopf auf dem Herd stetig rühren, bis eine homogene, geschmolzene Masse entsteht.

3 Den Fonduetopf auf den Tischrechaud stellen. Den Tomatenkäse nach Belieben mit Salz und Pfeffer würzen.

Kefir-Gurkenbrot

Eine besonders saftige Brotvariante ist der ideale Begleiter zur fruchtig-sommerlichen Paprikasuppe.

Zutaten

1 Päckchen Trockenhefe
400 g Weizenmehl Type 405
1 EL Kräutersalz
1 fein gehackte Salatgurke (geschält, entkernt, auf einer Küchenreibe geraffelt)
1 TL getrockneter Dill
1 TL zerstoßener Koriander
1 EL Sonnenblumenöl
150 g Kefir (oder Buttermilch)

Programm: normal
Brot/Teigtyp: Brot schnell
Bräunung: mittel

Zum Kefir-Gurkenbrot passen: gekochter Schinken, geräucherter Fisch, Fischsalate, bunt gemischter Salat oder Wurstwaren.

Drücken Sie die Gurke fest aus, der Saft würde das Brot sonst zu wässrig machen.

dazu passt...

Gelbe Paprikasuppe

Zutaten für 4 Portionen

3 gelbe Paprikaschoten
1 Zwiebel
2 Knoblauchzehen
1 frische, rote Chilischote
1 EL Butter, 1 Prise Zucker
1 TL Zitronensaft
Salz und schwarzer Pfeffer
1/2 l Geflügelbrühe (Instant)
100 g Sahne
1 TL »8-Kräutermischung« (TK)
1 EL Kräuter Crème fraîche

Zubereitungszeit: 40 Minuten

1 Die Paprikaschoten waschen, entkernen und in dünne Stifte schneiden. Die Zwiebel und die Knoblauchzehen abziehen und fein würfeln.

2 Die Chilischote waschen, entkernen und fein würfeln. Die Butter erhitzen und darin Paprikastifte, Zwiebel-, Knoblauch- und Chiliwürfel 8 bis 10 Minuten andünsten.

3 Den Topfinhalt mit Zucker, Zitronensaft, Salz und Pfeffer würzen. Mit Geflügelbrühe und Sahne aufgießen. Nach dem ersten Aufkochen die Suppe bei mittlerer Hitze etwa 20 Minuten leise kochen lassen.

4 Die Suppe mit einem Pürierstab sämig rühren. Nochmals abschmecken und Kräutermischung sowie Crème fraîche einrühren.

Dinkelbrot mit Artischocken

Aufregenden Genuss verspricht das Dinkelbrot mit eingelegten Artischockenherzen, vor allem wenn es dazu den frischen Putensalat gibt.

Zutaten

1 Päckchen Trockenhefe
400 g Dinkelvollkornmehl
1 TL brauner Zucker
1 TL Salz
1 Msp. gemahlener Kurkuma
2 EL Sonnenblumenkerne
1 TL Backpulver
100 g fein gewürfelte, eingelegte Artischockenherzen
1 TL Sonnenblumenöl
300 g Buttermilch

Programm: Vollwert
Brot/Teigtyp: Brot
Bräunung: mittel

Zum Dinkelbrot mit Artischocken passen: geräucherte Forellenfilets, Lachs und Schillerlocken, Lachstartar, gemischte Salate und gedünstete Gemüse.

...dazu passt

Salat mit Pute und Brotstäben

Zum Anrichten Fleischstreifen darüber streuen und mit den Brotstäben garnieren.

Zutaten für 4 Portionen

4 Scheiben Dinkelbrot mit Artischocken
1 Portionsstück Kräuterbutter (25 g)
200 g Putenschnitzel
1/2 TL Grillgewürz
1/2 Lollo Rosso
1 Fenchelknolle
5 EL Balsamicodressing (Fertigprodukt)

Zubereitungszeit: 30 Minuten

1 Das Brot mit Kräuterbutter bestreichen und in 1 Zentimeter große Stäbe schneiden. Das Putenschnitzel in feine Streifen schneiden und diese danach mit dem Grillgewürz einmassieren.

2 Den Lollo-Rosso-Salat putzen, waschen, trockenschwenken und in mundgerechte Stückchen zupfen. Den Fenchel vierteln, entstrunken, waschen und in Streifen schneiden.

3 Das Pflanzenöl erhitzen und darin die Putenstreifen von allen Seiten etwa 5 Minuten durchbraten. Parallel dazu die Brotstäbe im vorgeheizten Backofen bei 200 °C (Umluft 180 °C) knusprig grillen.

4 Fenchel und Lollo Rosso mit dem Dressing locker vermengen.

Nutellabrot mit Krokant

Für alle Naschkatzen empfiehlt sich diese schokoladig-sahnige Mischung auf Nutellabasis.

Zutaten

1 Päckchen Trockenhefe
450 g Weizenmehl Type 550
50 g Krokant
1 TL Salz
4 EL Nutella (am besten in der Mikrowelle schmelzen)
1 TL Kakaopulver (oder Cappuccinopulver)
100 g Sahne
150 ml Wasser

Programm: normal
Brot/Teigtyp: Brot schnell
Bräunung: mittel

Zum Nutellabrot passen: Naturjoghurt, Quark, Butter, Honig, Fruchtaufstriche. Als Getränke sind Tee, Kaffeespezialitäten und Kakao besonders zu empfehlen.

dazu passt...

Kinder freuen sich über die Schokosahneplätzchen, wenn sie zu lustigen Formen ausgestochen und bunt verziert werden.

Schokosahneplätzchen

Zutaten für 4 Portionen

4 Scheiben Nutellabrot
200 g Sahne
1 EL Kakaopulver
1 EL Puderzucker
Einige Tropfen Zitronensaft
Außerdem: 1 EL Krokant

Zubereitungszeit: 15 Minuten

1 Mit einem Plätzchenausstecher (Monde, Sterne, Bär) Plätzchen aus den Brotscheiben stechen.
2 Die Sahne steif schlagen. Kakaopulver, Puderzucker und Zitronensaft unterziehen.
3 Die Schokosahne in einen Spritzbeutel füllen und portionsweise auf die Plätzchen spritzen. Mit Krokantstückchen bestreuen.

Bei der Zubereitung darauf achten, nicht zuviel zu naschen. Die Verführung ist groß.

Proseccobrot mit Parma

Was in dieses Brot gebacken wird, passt auch sehr gut dazu – Prosecco ist das Geheimnis.

Spritzig, leicht und gut zum Belegen und Überbacken geeignet – das vielseitige Proseccobrot.

Zutaten

1 Päckchen Trockenhefe
500 g Weizenmehl Type 405
1 TL Salz
40 g geriebener Parmesan
100 g fein gewürfelter Parmaschinken
1 EL Olivenöl
200 ml Prosecco
100 ml Wasser

Programm: normal
Brot/Teigtyp: Brot schnell
Bräunung: mittel

Zum Proseccobrot mit Parma passen: fertiges Pesto oder Bärlauchpesto, Käse, eingelegte Gemüse und natürlich der restliche Inhalt der Proseccoflasche.

...dazu passt

Überbackenes Proseccobrot

Zutaten für 4 Portionen

4 in Olivenöl eingelegte, getrocknete Tomatenhälften
1 rote Zwiebel
4 Scheiben Proseccobrot
150 g frisch geriebener Pecorino
4 EL Olivenöl
1 Bund Rucola
1 EL Aceto balsamico
Salz
Schwarzer Pfeffer
1 kleines Bund Rucola

Zubereitungszeit: 20 Minuten

1 Die eingelegten Tomaten abtropfen lassen und in Streifen schneiden. Die Zwiebel abziehen, halbieren und danach in dünne Scheibchen schneiden.

2 Die Brotscheiben mit Tomaten und Zwiebeln belegen. Den Pecorino darüber streuen und mit 2 Esslöffeln Olivenöl beträufeln.

3 Im vorgeheizten Backofen bei 200 °C (180 °C Umluft) bei Grillstufe in etwa 15 Minuten überbacken.

4 Den Rucola waschen, trockenschwenken und klein schneiden. Aus Olivenöl, Essig, Salz und Pfeffer eine Salatsauce bereiten und über den Rucola geben. Die überbackenen Brote auf Teller verteilen und mit Rucola bestreuen.

Caros Zuckerrübenbrot mit Banane

Süßes Brot mögen Kinder besonders gerne, vor allem wenn es noch Erdbeeren dazugibt.

Zutaten

1 Päckchen Trockenhefe
450 g Weizenmehl Type 550
1 TL Salz
4 EL Zuckerrübensirup
1 TL Backpulver
150 g zermuste Bananen
Einige Tropfen Zitronensaft
50 g zerbröselte Mandelblättchen
100 ml Apfelsaft
150 ml Wasser

Programm: normal
Brot/Teigtyp: Brot schnell
Bräunung: mittel

Zum Zuckerrübenbrot passen: Butter, Fruchtaufstriche und Quark. Als Getränk Früchtetee oder Kakao.

Erdbeeren mit Mascarpone, ein Schlemmertraum fürs Frühjahr, am besten mit fruchtigreifen Früchten.

dazu passt...

Erdbeermascarpone mit Zuckerbröseln

Zutaten für 4 Portionen

1 Schale süße Erdbeeren (500 g)
200 g Mascarpone
100 g Sahne
1 EL Honig
2 Scheiben Zuckerrübenbrot
1 EL Butter
1 TL Puderzucker

Zubereitungszeit: 20 Minuten

1 Erdbeeren verlesen, waschen und in Scheibchen schneiden. Mascarpone mit Sahne und Honig glatt rühren. Die Erdbeeren unterziehen.
2 Das Brot entrinden und zerbröseln. In einer Pfanne die Butter heiß schäumend erhitzen und darin die Brösel schwenken und zuckern.
3 Die Erdbeermascarpone auf Portionsschalen verteilen und mit Zuckerbrösel belegen.

Zuckerbrösel aus selbst gebackenem Brot sind der krönende Abschluss.

Cornflakesbrot mit Gelüsten

Gesund und trotzdem nicht asketisch-langweilig: Backen Sie Ihre Lieblingssnacks einfach mit ins Brot.

Kraftvoll den Tag beginnen und dabei voll auf den Genuss setzen. Was soll da noch schief gehen?

Zutaten

1 Päckchen Trockenhefe
450 g Weizenmehl Type 550
1 EL Backpulver
3 EL Ahornsirup (ersatzweise Birnen- oder Apfeldicksaft)
1 TL Salz
100 g zerbröselte Cornflakes
50 g Gelüste (= Schokocrossies, gehackte Nüsse oder mehr Cornflakes)
300 ml Vollmilch

Programm: normal
Brot/Teigtyp: Brot schnell
Bräunung: mittel

Zum Cornflakesbrot mit Gelüsten passen: Aprikosen, Joghurt, frische Früchte wie Bananen, Äpfel, Weintrauben oder Birnen. Als Aufstrich eignen sich Frischkäse, Quark oder Erdnusscreme.

...dazu passt

Rosinenjoghurt

Zutaten für 4 Portionen

500 g Vollmilchjoghurt
50 ml Multivitaminsaft
100 g Rosinen
2 Bananen
1 Birne
4 Scheiben Cornflakesbrot

Zubereitungszeit: 10 Minuten

1 Den Joghurt mit Multivitaminsaft verrühren und die Rosinen unterziehen. Die Bananen schälen und in Scheiben schneiden.

2 Die Birne schälen, entkernen und in Scheibchen schneiden. Die Früchte in vier Glasschalen verteilen und mit dem Rosinenjoghurt überziehen.

3 Die Brotscheiben toasten, mit Marmelade bestreichen und in etwa einen Zentimeter große Streifen schneiden. Die Joghurtschalen damit garnieren.

Vollkornbrot mit getrockneten Tomaten

Urig-kerniger und saftiger Genuss – die Tomaten sind hier das geschmackliche i-Tüpfelchen.

Zutaten

1 Päckchen Trockenhefe
200 g Roggenmehl Type 997
150 g dunkles Weizenmehl Type 1050
50 g Weizenkleie
1 EL Sonnenblumenöl
1 TL Salz
1 EL Zuckerrübensirup
100 g fein gewürfelte, getrocknete Tomaten in Olivenöl
300 ml Wasser

Programm: Vollwert
Brot/Teigtyp: Brot

Zum Vollkornbrot mit getrockneten Tomaten passen: Gemüsesalate, pflanzliche Brotaufstriche, Maissalat, Gemüseauflauf und gebeizter Lachs.

dazu passt ...

Gemüseauflauf mit Vollkornkrusteln

Zutaten für 4 Portionen

1 kg Gemüse
1 Zwiebel
3 Knoblauchzehen
4 EL Butter
Salz und schwarzer Pfeffer
4 Scheiben Vollkornbrot
100 g frisch geriebener Emmentaler
100 g Sahne
1 Eigelb

Zubereitungszeit: 50 Minuten

1 Das Gemüse schneiden. In kochendes Salzwasser geben und 2 Minuten blanchieren. Abgießen, kalt überbrausen und abtropfen lassen.

2 Zwiebel und Knoblauchzehen abziehen und fein würfeln. Kurz in 2 Esslöffeln Butter andünsten und in einer hitzebeständigen Form verteilen.

3 Das Gemüse zugeben und würzen. Das Brot entrinden und grob zerbröseln. In restlicher, heißer Butter unter Schwenken kurz rösten. Alles auf dem Gemüse breitflächig verteilen. Darüber den Käse streuen.

4 Sahne mit dem Eigelb verquirlen und den Gemüseauflauf löffelweise überziehen. Anschließend im vorgeheizten Backofen bei 200 °C (Umluft 180 °C) etwa 35 Minuten überbacken.

Eine gute Gemüsemischung für den Auflauf: 250 g Chinakohl, 250 g Möhren, 250 g Brokkoli, 250 g Zucchini, gewaschen, geputzt und in gleich große Stücke geschnitten.

Quinoa ist eine südamerikanische getreideähnliche Art, die wie Hirse aussieht. Sie wird wie Reis in der doppelten Menge Wasser etwa 15 Minuten gekocht.

Südamerikanisches Quinoabrot

Das Reformhaus wird ihr Verbündeter bei diesem Brot auf Quinoabasis, einer uralten Körnerfrucht.

Zutaten

1 Päckchen Trockenhefe
400 g Weizenmehl Type 405
1 EL Kräutersalz
1 1/2 TL schwarzer Pfeffer
1/2 TL gemahlener Piment
1 EL gemahlener Curry
1 TL Tabasco
Kalte, gekochte Quinoa vom Vortag (dazu 200 g rohe Quinoa in 500 ml Wasser kochen)
1 Ei (Größe L)
2 EL Sonnenblumenöl
150 ml Wasser

Programm: normal
Brot/Teigtyp: Brot schnell
Bräunung: mittel

Zum Quinoabrot passen: herzhafte Gerichte wie Eintöpfe, Gemüsepfannen oder Grillgerichte, deftige Brotaufstriche, Schinken und Käse.

...dazu passt

Gemüse vom Blech

Zutaten für 4 Portionen

1 Aubergine
2 Fleischtomaten
1 Zucchini
2 Knoblauchzehen
50 ml Olivenöl
Salz und schwarzer Pfeffer
4 Scheiben Quinoabrot

Zubereitungszeit: 30 Minuten

1 Die Aubergine waschen, längs vierteln und die Scheiben in kaltes Salzwasser legen. Die Fleischtomaten waschen und quer halbieren.

2 Die Zucchini waschen und in Scheiben schneiden. Die Knoblauchzehen abziehen und durch eine Presse in das Olivenöl drücken.

3 Die Auberginen abgießen und mit Küchenpapier trockentupfen. Alle Gemüse auf ein Backblech geben. Mit Salz und Pfeffer würzen und mit Knoblauchöl begießen. In den auf 200 °C vorgeheizten Ofen (Umluft 180 °C)schieben und etwa 35 Minuten backen.

4 In den letzten Garminuten das Quinoabrot in den Backofen zum Grillen geben.

Früchteteebrot mit Kokos

Innovative Geschmacksnoten mit Hilfe des Geists aus der Flasche. Und dazu passt das Birnendessert.

Zutaten

1 Päckchen Trockenhefe
450 g Weizenmehl Type 405
1 TL Salz
3 EL Honig
100 g ungesüßte Kokosraspeln
3 cl Kirschlikör (Flachmann)
150 g Vollmilchjoghurt
(wahlweise auch Kokosjoghurt)
150 ml starker, kalter Früchtetee

Programm: normal
Brot/Teigtyp: Brot schnell
Bräunung: mittel

Fast schon ein Kuchen – dieses Brot verwöhnt alle, die gerne naschen.

Zum Früchteteebrot mit Kokos passen: Gelees, Marmeladen, Erdnusscreme, verschiedene Honigsorten und Schokoaufstriche.

dazu passt …

Birnen mit Käsecreme auf Früchteteebrot

Zutaten für 4 Portionen

200 g zimmerwarmer Gorgonzola
50 g Sahne
4 Scheiben Früchteteebrot
1 große Birne (z. B. Williams)
Einige Tropfen Zitronensaft
1 EL ungesüßte Kokosraspeln

Zubereitungszeit: 15 Minuten

1 Den Gorgonzola klein würfeln und in einer Schüssel mit Hilfe einer Gabel zermusen. Mit Sahne cremig verrühren.

2 Die Brotscheiben mit der Käsecreme bestreichen. Die Birne schälen, entkernen und in hauchdünne Scheibchen schneiden. Diese auf den vier Broten verteilen und mit Kokosraspeln bestreuen.

Frisches Obst für Zwischendurch – mal anders serviert.

Chilibrot mit Aprikosen

Gut abgestimmtes, würziges Brot, fein ausgewogen durch Süße und Schärfe.

Zutaten

1 Päckchen Trockenhefe
200 g Roggenmehl Type 1150
300 g Weizenmehl Type 405
1 TL Salz
1/4 TL gemahlener, schwarzer Pfeffer
3 EL Aprikosenmarmelade
1 frische, gewürfelte Chilischote
1 Msp. Cayennepfeffer
1 TL getrockneter Oregano
50 g klein gewürfelte, getrocknete Aprikosen
320 ml Wasser
Nach Belieben: 1 Schuss Aprikosenschnaps (Flachmann)

Programm: normal
Brot/Teigtyp: Brot schnell
Bräunung: mittel

Zum Chilibrot mit Aprikosen passen: fertige Salsasaucen zum Dippen, Ingwer-Orangen-Marmelade, luftgetrockneter Schinken, Maiskolben mit Knoblauchbutter.

...dazu passt

Hähnchen-Maisburger

Anstelle des Grillhähnchens können Sie auch 200 g gekochte Putenbrust verwenden.

Zutaten für 4 Portionen

1/2 Grillhähnchen
8 Scheiben Chilibrot mit Aprikosen
3 EL Knoblauchsauce (Fertigprodukt)
4 Eisbergsalatblätter
100 g Salatgurke, 1 Fleischtomate
Salz und schwarzer Pfeffer

Zubereitungszeit: 15 Minuten

1 Das Grillhähnchen häuten, entbeinen und das Fleisch in Streifen schneiden. Das Brot toasten und mit Knoblauchsauce bestreichen.

2 Den Salat waschen, trockenschwenken und in feinste Streifen schneiden. Zusammen mit den Fleischstreifen auf vier Brotscheiben verteilen.

3 Die Tomate waschen, halbieren und in Scheiben schneiden; das Fleisch damit bedecken. Diese Schicht leicht salzen und pfeffern.

4 Die Salatgurke waschen, nicht schälen und hauchdünn hobeln. Darüber streuen und mit je einem Brot zudecken. Diagonal in Dreiecke schneiden und servieren.

Parmesanbrot mit Italokräutern

Belag und Brot in einem – einfach PANEtastisch und die ideale Beigabe zur fruchtigen Peperonata aus Sizilien.

Zutaten

1 Päckchen Trockenhefe
450 g Weizenmehl Type 405
1 TL Salz
1 TL getrocknete, gemischte italienische Kräuter
1 Prise gemahlene, weißer Pfeffer
2 EL Olivenöl
100 g geriebener Parmesan
300 ml Wasser

Programm: normal
Brot/Teigtyp: Brot schnell
Bräunung: mittel

Zum Parmesanrot passen: italienischer Wein, ob ein weißer Galestro oder Orvieto oder ein roter Montepulciano oder Chianti, Oliven und luftgetrocknete Salami.

Ein laues Lüftchen, ein Gläschen Wein, und der südliche Abend kann beginnen.

dazu passt...

Peperonata aus Sizilien

Zutaten für 4 Portionen

3 verschieden farbige Paprikaschoten
1 große Zwiebel
2 Knoblauchzehen
1/2 Bund glatte Petersilie
1 Dose geschälte Tomaten im Saft
4 EL Olivenöl
Salz und schwarzer Pfeffer
4 Scheiben Parmesanbrot

Zubereitungszeit: 40 Minuten

1 Paprikaschoten waschen, entkernen und in dünne Streifen schneiden. Zwiebel sowie Knoblauch abziehen, halbieren und schneiden.

2 Die Petersilie waschen, trockenschwenken, die Blättchen von den Stielen zupfen und fein hacken. Die Tomaten klein schneiden und zurück in den Saft legen.

3 In einem breiten Topf das Olivenöl erhitzen und darin Zwiebel- und Knoblauchstreifen andünsten. Paprikastreifen hinzufügen und 5 bis 8 Minuten schmoren lassen.

4 Tomaten mit Saft hinzufügen, salzen und pfeffern. Bei kleiner Hitze knappe 10 Minuten schmoren und zuletzt die Petersilie unterheben. Die Brotscheiben im Backofen oder im Toaster rösten und dazu servieren.

Auch das kommt aus der Brotbackmaschine: köstliche Kuchen, die allerdings auch im Backofen gut gelingen.

Ideen *für* witzige Kuchen

In diesem Kapitel fand unsere Experimentierfreude keine Grenzen: Wir sinnierten vor dem »Schnapsschränkchen«, beäugten die Schokoladenabteilungen in Supermärkten unter dem Kriterium, wie man seine Lieblingsschokolade wohl in den Kuchen bekommen kann, und waren fasziniert von der Vielfalt der Geschmacksnuancen. In Reformhäusern suchten wir nach natürlicher Backküche mit Nüssen, Samen, Sirupen, den verschiedensten Mehlsorten und Süßungsmitteln. Natürlich haben wir unseren Geschmäckern den Vorzug gegeben, aber sollten Sie beispielsweise Pfefferminzlikör nicht mögen, ersetzen Sie ihn durch eine andere Ingredienz. Auch die Flüssigkeiten zum Backen wie normalerweise Wasser ersetzten wir in diesem Buch mit geschmacklichen Varianten: von Joghurt, saurer Sahne, Kefir, Sahne, Säften, sogar bis hin zu verschiedenen Teesorten. Probieren Sie einfach aus, wozu Sie gerade Lust haben. Versuchen Sie es mit Baileys, Kirschlikör, Whiskey, aber auch mit alkoholfreien Säften, die es in einer riesigen Vielfalt gibt, von Holundersaft, Erdbeersaft über Maracuja- bis zu Guten-Morgen-Säften mit Ballaststoffen. Und scheuen Sie sich nicht, wenn Sie die eine oder andere Zutat beim Einkaufen vergessen haben, sie einfach zu ersetzen. Mit was? Öffnen Sie Ihre Küchenschränke – und beim näheren Hinsehen sind hier ein paar Reste, dort ein paar Mandeln, verschiedene Müslis, Sie wissen schon, was ich meine.

So funktioniert's

Bei diesem Kapitel geht es ausnahmslos um Kuchen, die in einer separaten Schüssel gerührt und in der Backform gebacken werden. Die Kuchen sind außen, im unteren Bereich bei der Heizschlange, gut gebräunt. Die Rezepte sind ausnahmslos Rührteige, die normalerweise in einer Kasten- oder Gugelhupfform im Ofen gebacken werden. Die Backergebnisse sind im Backofen fast besser, aber natürlich will man mit dem Brotbackautomaten eben optimale Auslastung haben.
Bei allen Kuchen sollten Sie zur Sicherheit den Nadeltest machen, Holz- oder Metallstäbchen in den fertigen Kuchen stecken und wenn an diesem klebrige Krümmel haften sollten, nochmals für 5 bis 10 Minuten nachprogrammieren. Die Zeitschwankungen können z. B. durch verschiedene Eigrößen entstehen.

Jedem seinen Lieblingskuchen – verlassen Sie sich auf Ihre Vorlieben, was das süße Innenleben der Kuchen betrifft.

Für die Glasur einfach quer durchs »Schnapsschränkchen« schweifen: 20 ml Kirschlikör, 20 ml Weinbrand und 10 ml Korn mit 170 g Puderzucker verrühren. Oder was haben Sie in Ihrer Bar?

Beim Genuss dieser süßen Köstlichkeit werden alle Kuchenträume wahr.

Baileys-Kuchen mit Nutella

Nutella passt nicht nur aufs Frühstücksbrot – zusammen mit einem Schuss Alkohol veredelt es diesen leckeren Kuchen.

Zutaten

100 g weiche Butter
100 g Zucker
1 Päckchen Vanillezucker
2 Eier (Größe M)
150 ml Baileys
2 EL Nutella (die kompakte Schokocreme in der Mikrowelle schmelzen, so verteilt sie sich besser im Teig)
200 g Mehl
50 g Weizenstärke
1 Päckchen Backpulver
1 TL Kakaopulver
1 TL Puderzucker
200 g Sahne
2–4 cl Baileys

Programm: Backen
Backzeit: ca. 55 Minuten

Zubereitung

1 In einer Schüssel mit einem elektrischen Handrührgerät Butter, Zucker und Vanillezucker mit den Eiern schaumig rühren. Baileys und Nutella unterrühren.

2 Mehl, Weizenstärke und Backpulver unterheben und einen glatten Rührteig herstellen. Aus der Backform den Knethaken herausnehmen und den Teig in die Form füllen.

3 Den Brotbackautomaten programmieren und den Kuchen in ca. 55 Minuten backen. Den fertigen Kuchen im geschlossenen Automaten 5 Minuten ruhen lassen. Herausnehmen und auskühlen lassen und dann in Scheiben schneiden.

4 Zum Servieren jede Scheibe mit einer Mischung aus Kakaopulver und Puderzucker bestreuen. Die Sahne steif schlagen und mit Baileys abschmecken. Je einen Löffel davon auf eine Kuchenscheibe geben.

Caipirinha-Kuchen à la Tom

Der besondere Pfiff dieses Kuchens liegt am brasilianischen Nationalgetränk Caipirinha, einem Drink aus Limetten, braunem Rohrzucker, Zuckerrohrschnaps und Eis.

Zutaten

150 g Butter
150 g brauner Rohrzucker
2 Eier (Größe L)
Fein gehackte Schale von 1 Limette (dazu die Schale dünn abziehen und mit dem Wiegemesser zerkleinern)
Saft von 1/2 Limette
70 ml Cachaça (Zuckerrohrschnaps Pitú)
150 g Weizenmehl Type 405
50 g Weizenmehlstärke
1 Päckchen Backpulver
Für den Guss:
2 EL brauner Rohrzucker
Saft von 1 Limette
2 cl Cachaça

Programm: Backen
Backzeit: ca. 55 Minuten

Zubereitung

1 Die Butter weich werden lassen. Mit einem elektrischen Handrührgerät in einer Schüssel Butter, Zucker sowie die beiden Eier cremig rühren. Abgeriebene, am besten mit dem Wiegemesser fein gehackte Limettenschale sowie den Limettensaft und den Cachaça in die Masse einrühren.

2 Weizenmehl, Weizenmehlstärke und das Backpulver unterziehen. Den Knethaken aus der Backform nehmen, den Rührteig einfüllen und in etwa 55 Minuten backen lassen.

3 Den Kuchen noch 15 Minuten im geschlossenen Gerät und 30 Minuten bei offener Klappe ruhen lassen. Herausnehmen und abkühlen lassen.

4 Für den Guss Rohrzucker, Limettensaft und Cachaça zu einer homogenen Paste verrühren und den Kuchen damit überziehen.

Zum Herstellen einer Caipirinha immer saftig pralle Limetten auswählen.

Caipirinha

Eine Limette waschen, trockenreiben und in Viertel schneiden. In einem Tumbler mit 1 EL braunem Rohrzucker mit einem Holzlöffel zerdrücken. Mit 2 bis 3 EL Crushed Ice und 5 bis 7 cl Cachaça auffüllen.

Tiramisu-Kuchen

Ein Schmlemmertraum und ein Muss für jeden Tiramisu-Fan.

Wen dieser Kuchen nicht hochzieht, dem ist nicht mehr zu helfen – ein Muntermacher, der seine Kräfte aus dem starken Espresso bezieht und den bitter-süßer Amarettoduft umweht.

Zutaten

50 g weiche Butter
150 g Mascarpone, 50 g Zucker
1 Päckchen Vanillezucker
3 Eier (Größe L)
70 ml Amaretto (Mandellikör)
1 kalter, starker Espresso, der nicht zu dickflüssig sein sollte
200 g Mehl
1 Päckchen Backpulver
200 g Löffelbiskuits
Außerdem:
1 EL Kakaopulver
1 TL Puderzucker
Zum Servieren:
100 g Mascarpone
3 EL Eierlikör

Programm: Backen
Backzeit: ca. 50 Minuten

Zubereitung

1 Mit einem elektrischen Handrührgerät in einer Schüssel Butter, Mascarpone, Zucker, Vanillezucker und Eier zu einer cremigen Masse verrühren.

2 Amaretto und Espresso langsam einrühren, Mehl, Backpulver sowie die grob zerkleinerten Löffelbiskuits unterheben.

3 Aus der Backform den Knethaken entfernen und den Teig einfüllen. In 50 Minuten backen. Aus der Form nehmen und abkühlen lassen.

4 Zum Servieren Kakaopulver und Puderzucker miteinander vermischen und den Kuchen damit bestäuben.

5 Mascarpone mit Eierlikör glatt rühren und auf jedes Kuchenstück einen Klecks geben.

Rotweinkuchen mit Granatapfelkernen

Die Säure der Granatapfelkerne passt wunderbar zum süßen Aroma des Rotweinteiges. Dieser besonders raffinierte Kuchen wird bei Ihren Gästen gut ankommen.

Zutaten

100 g weiche Butter
100 g Zucker
1 Msp. gemahlene Nelken
1/2 TL gemahlener Zimt
1/2 TL Kakaopulver
2 Eier (Größe L)
100 ml Rotwein
Kerne von 1 Granatapfel
150 g Mehl Type 405
1 Päckchen Backpulver
Für den Guss:
100 g Puderzucker
1 TL Kakaopulver
2 EL Rotwein

Programm: Backen
Backzeit: ca. 50 Minuten

Zubereitung

1 Mit einem elektrischen Handrührgerät Butter, Zucker, Nelken, Zimt, Kakaopulver mit den Eiern sowie dem Rotwein cremig rühren.

2 Granatapfelkerne, Mehl und Backpulver unterziehen. Aus der Backform den Knethaken entfernen und den Rührteig einfüllen. Etwa 50 Minuten backen, aus der Form nehmen und abkühlen lassen.

3 Aus Puderzucker, Kakaopulver und Rotwein einen glatten Guss rühren und den kalten Rotweinkuchen damit überziehen.

Zu diesem originellen Kuchen passt Schlagsahne, die mit den Kernen eines Granatapfels vermischt wurde, fein abgeschmeckt mit einem Schuss Cassislikör. Die schöne rote Farbe passt optisch ideal zum Kuchen.

Ein Kuchen, zu dem Kaffee getrunken werden kann, der aber auch vorzüglich zu Rotwein schmeckt.

Die roten Perlen des Granatapfels sind mit säuerlich aromatischem Saft prall gefüllt.

Alle drei Kuchen gehen schnell und zaubern das Besondere auf die Kaffeetafel.

Schokiger Pfefferminzkuchen

Ein vollendeter Genuss – Schokolade und Pfefferminzlikör ergänzen sich prächtig.

Zutaten

150 g weiche Butter
150 g Zucker
2 Eier (Größe L)
5 cl Pfefferminzlikör
4 Stück After-Eight-Blättchen, ganz fein zerhackt
50 g Schokoraspeln
250 g Mehl
1 Päckchen Backpulver
Für den Guss:
100 g Puderzucker
Saft von 1/2 Zitrone
Zum Garnieren:
After-Eight-Blättchen

Programm: Backen
Backzeit: 50 Minuten

1 Mit einem elektrischen Handrührgerät Butter, Zucker und Eier etwa 3 Minuten cremig rühren. Pfefferminzlikör, minzige Schokolade sowie die Schokoraspeln unterrühren.
2 Mehl und Backpulver unter den Teig mischen.
3 Den Knethaken aus der Backform nehmen und den Teig einfüllen. Den Kuchen in etwa 55 Minuten backen. Dann aus der Form herausnehmen und abkühlen lassen.
4 Für den Guss Puderzucker mit dem Saft der halben Zitrone verrühren und den abgekühlten Kuchen damit überziehen. Mit After-Eight-Blättchen garnieren.

Amarettokuchen mit Marzipan

Mandeln dominieren das Aroma dieses delikaten Kuchens, sei es im Marzipan oder im Amaretto.

Zutaten

80 g flüssige Butter
80 g Zucker
3 Eier (Größe M)
80 ml Amaretto (Mandellikör)
100 g klein gehacktes Rohmarzipan
150 g Mehl
50 g gehackte Mandeln
1 Päckchen Backpulver
Für den Überzug:
1 Päckchen Schokoladenglasur im Wasserbad schmelzen

Programm: Backen
Backzeit: ca. 55 Minuten

Zubereitung

1 Mit einem elektrischen Handrührgerät Butter, Zucker und Eier cremig rühren. Amaretto und Rohmarzipan einrühren.

2 Nach und nach Mehl, Mandeln und Backpulver unterziehen. Aus der Backform den Knethaken entfernen und den Rührteig einfüllen.

3 Den Kuchen in etwa 55 Minuten backen. Bei geschlossener Klappe noch 15 Minuten ruhen lassen. Herausnehmen, stürzen und abkühlen lassen.

4 Die Glasur nach Packungsaufschrift erwärmen und den abgekühlten Kuchen damit überziehen.

Eierlikörkuchen mit Haselnüssen

Passt prima zusammen: der feine Likörgeschmack, Haselnüsse und Schokoladenguss.

Zutaten

100 g weiche Butter
100 g Zucker
100 ml Eierlikör
1 Ei (Größe M)
100 g gemahlene Haselnüsse
100 g Weizenmehl Type 405
1 Päckchen Backpulver

Für den Guss:
1 Päckchen Schokoladenglasur im Wasserbad schmelzen

Zum Servieren:
200 g geschlagene Sahne
2 EL Eierlikör
2 EL gehackte Haselnüsse

Programm: Backen
Backzeit: ca. 55 Minuten

Zubereitung

1 Mit einem elektrischen Handrührgerät in einer Schüssel Butter, Zucker, Eierlikör und das Ei in etwa 5 Minuten cremig rühren.

2 Nach und nach Haselnüsse, Mehl sowie Backpulver unterrühren. Den Knethaken aus der Backform nehmen und den Rührteig einfüllen. Den Kuchen in etwa 55 Minuten backen.

3 Den fertigen Kuchen herausnehmen und abkühlen lassen. Mit der Kuvertüre überziehen.

4 Die geschlagene Sahne mit Eierlikör abschmecken. Auf jedes Kuchenstück einen Klecks geben und mit gehackten Haselnüssen bestreuen.

Da läuft einem das Wasser im Munde zusammen: originelle und trotzdem unaufwändige süße Genüsse.

Bei diesem Rezept haben Sauerkirschen Saison.

Sie können diesen Kuchen auch mit anderen Obstsorten zubereiten, z. B. Aprikosen oder Birnen. Wählen Sie den dazu passenden Likör.

Kirschkuchen à la Macarena

Der untergemischte Kirschlikör intensiviert das Aroma der Kirschen noch – ein besonders gelungener Kuchen.

Zutaten

125 g flüssige Butter
125 g Zucker
2 Eier (Größe M)
1 Prise Salz
1/4 TL gemahlener Zimt
50 ml Kirschlikör
100 g entsteinte Sauerkirschen aus dem Glas (gut abgetropft)
125 g Mehl
1 Päckchen Backpulver
Für den Guss:
100 g Puderzucker
30 ml Kirschlikör
50 g Schokostreusel

Programm: Backen
Backzeit: ca. 55 Minuten

Zubereitung

1 Mit einem elektrischen Handrührgerät in einer Schüssel Butter, Zucker, Eier, Salz und Zimt cremig rühren. Danach den Kirschlikör und die Kirschen einrühren.

2 Nach und nach Mehl und Backpulver unterrühren. Den Knethaken aus der Backform entfernen und den Rührteig einfüllen. Den Kuchen in etwa 55 Minuten backen. Bei geschlossener Klappe 5 Minuten warten, bei offener Klappe den Kuchen 15 Minuten ruhen lassen.

3 Den fertigen Kuchen herausnehmen und abkühlen lassen. Puderzucker und Kirschlikör glatt rühren und den Kuchen damit überziehen. Dick mit Schokostreusel bestreuen.

Dazu passt: Für Kirschfans extra Kirschkonfitüre zum Bestreichen des Kuchens. Oder geschlagene Sahne mit Kirschmarmelade verrühren und dazu servieren.

Glutenfreier Maiskuchen mit Whiskeyfahne

Zutaten

100 g weiche Butter
100 g Honig
2 Eier, getrennt
4 cl Whiskey
2 EL Milch
150 g Maismehl
50 g Buchweizenmehl
1 Päckchen Backpulver
50 g gemahlene Mandeln

Programm: Backen
Backzeit: ca. 60 Minuten

Zubereitung

1 Mit einem elektrischen Handrührgerät in einer Schüssel Butter, Honig und Eigelbe verrühren. Whiskey und Milch einrühren.

2 Nach und nach Hirsemehl, Buchweizenmehl, Backpulver sowie die Mandeln unterrühren.

3 Das Eiweiß zu steifem Schnee schlagen und zuletzt unter den Teig ziehen.

4 Den Knethaken aus der Backform entfernen und den Rührteig einfüllen. Den Kuchen in knapp 60 Minuten fertig backen. Vor dem Servieren abkühlen lassen.

Statt einer Mischung aus Mais- und Buchweizenmehl können Sie Buchweizenmehl solo oder Hirse verwenden.

Auch Allergiker müssen nicht verzichten. Auf die richtige Alternative kommts an.

Der Brotbackautomat ist unübertreff-lich bei der Zubereitung des Hefeteigs. Er gelingt nahezu immer.

Backautomat *und* -ofen kombiniert

Wer eine Brotbackmaschine besitzt, sollte es sich nicht entgehen lassen, diese auch zum Herstellen von Hefeteig zu benützen. So umsorgt, gehegt und gepflegt wird der Teig sonst nirgendwo. Sie müssen mal durch das Sichtfenster in den Automaten zwischendurch schauen oder kurz den Deckel lüften. Wie in einem Brutkasten fühlt sich der Teig, mit dem Drang zu Höherem, sichtlich wohl. Die Umgebung passt, kein Lüftchen weht, von allen Seiten gut beschützt und bei wohliger Temperatur geht der Teig ganz von alleine. Sie haben hier eine weitere Möglichkeit, Ihren Brotbackautomaten zum Einsatz zu bringen – für besonders gut gelungene Hefeteige zum Weiterverarbeiten.

Wir bereiten alle Hefeteige im Automaten zu, denn die Teigstruktur ist unvergleichlich. Genügend Teigrezepte haben wir im ersten Buch für den Brotbackautomaten, und deshalb wollten wir hier nicht Wiederholungen aufzeigen. Die glutenfreien Rezepte waren uns sehr wichtig, weil wir mittlerweile sehr viele Mehlallergiker kennen, die nach neuen Rezepten richtig gieren. Aber abgesehen von der schieren Notwendigkeit für die allergiegeplagten Menschen schmecken diese auch Nichtallergikern genauso gut. Zum Würzen der Teige gilt auch hier: Immer aus dem Vollen schöpfen. Wird es ein herzhafter oder süßer Teig? Davon hängt nämlich die Gewürzwahl ab. Bei Ciabattateig schmecken Gewürzzubereitungen wie z. B. italienische Mischung, gemischte italienische Kräuter oder Chiligewürz ausgesprochen gut.

Täglich neue Ideen erproben

Würzen Sie den Teig phantasievoll. Vieles passt zusammen. Für Fladenbrote im Mörser Schwarzkümmel und Fenchelsamen zusammen zerstoßen. Oder schwarze und gelbe Senfkörner mit etwas Knoblauchöl zerreiben – herrlich für ein duftendes Hefeteigbrot. Oder den Teig ein bisschen färben? Mit gemahlener Muskatblüte, die sehr intensiv und würzig schmeckt, einen satten kräftigen Gelbton erzielen. Mit gemahlenem edelsüßen Paprika eine orange Färbung und mit frisch pürierter Petersilie, vermischt mit etwas Olivenöl und einem Hauch Zitronensaft, ein sanftes bis dunkles Grün erhalten. Und denken Sie daran, auch das Auge isst mit. Ein »schönes« Brot schmeckt noch viel besser.

Frische Kräuter – wie beispielsweise Basilikum – geben dem Brot eine mediterrane Würze.

Nutzen Sie Ihre Brotbackmaschine nicht nur für Brote, sondern auch für Teig – ob süß oder salzig.

Glutenfreie Sahnehörnchen

Auf Süßes verzichten müssen auch Weizenmehlallergiker nicht: Lassen Sie sich die Sahnehörnchen schmecken!

Fertigstellung: Im vorgeheizten Ofen bei 200 °C (Umluft 180 °C) etwa 20 Minuten backen.

Zutaten

1 Päckchen Trockenhefe
500 g Fertigmehl (Damia, Wiechert)
1 EL Zucker
2 Eier
80 g Butter
250 g Sahne
3 EL lauwarmes Wasser

Programm: normal
Brot/Teigtyp: Teig

Zubereitung

1 Den Teig aus der Maschine nehmen und auf einer bemehlten Arbeitsfläche durchkneten. In zwei Portionen teilen.

2 Jede Teigportion mit einem Teigroller zu einem runden Kuchen dünn auswellen. Diesen mit einem Messer in acht Kuchenstücke schneiden.

3 Zu Hörnchen aufrollen. Auf ein mit Backpapier ausgelegtes Blech legen. Mit einer Mischung aus Eigelb und Butter bestreichen.

Knusprig braun und frisch aus dem Ofen schmecken die Sahnehörnchen am besten.

Brotteig und Pizza

Da weiß man, was drin ist – ein guter Grund, sich den Teig selbst zuzubereiten. Besonders wichtig ist es für Allergiker, die Inhaltsstoffe von Brot und Teig zu kennen. Aber auch wer diese Probleme nicht hat, schätzt Transparenz bei seinen Nahrungsmitteln – sei es Brot oder Pizza.

Glutenfreier Pizzateig

Mit diesem Teig zaubern Sie ganz schnell die köstlichsten Pizzen. Den Belag wählen Sie ganz nach Geschmack – Gemüse, Schinken, Salami, Käse oder was Sie mögen.

Zutaten

1 Päckchen Trockenhefe
400 g Fertigmehl (Damia oder Biokost Baguette-Mischung)
1 TL Zucker
1 TL Salz
1 TL getrockneter Oregano
2 Eier
2 EL Olivenöl
100 ml Wasser
Grundbelag:
Olivenöl
Pizzatomaten
Zum Belegen: nach Wahl

Programm: normal
Brot/Teigtyp: Teig

Zubereitung

1 Bereiten Sie den Teig im Brotbackautomaten zu. Anschließend den fertigen Teig aus der Brotbackmaschine nehmen und auf einer bemehlten Arbeitsfläche einige Male gut durchkneten.

2 Den Teig auf Backblechgröße auswellen und auf ein mit Olivenöl gefettetes Blech geben. Mit Olivenöl bepinseln und Pizzatomaten darauf verteilen.

3 Die Zutaten wie Schinken, Paprikastreifen, Oliven oder einfach nur Käse darauf verteilen. In den vorgeheizten Backofen bei 200 °C (180 °C, Gas Stufe 3) schieben und in etwa 30 Minuten backen.

Verwirklichen Sie Ihre Pizzabäckerträume mit diesem Grundrezept.

Ciabatta mit Oregano

Was man im sonnigen Süden schätzt, macht auch bei uns Furore. Warum nicht einfach selbst gemacht?

Zutaten

1 Päckchen Trockenhefe
500 g Weizenmehl Type 405
1 EL Salz
1 EL getrockneter Oregano

Gesund und köstlich – es muss nicht immer Weizenmehl für den Pizzateig sein.

50 ml Olivenöl
100 ml Wasser

Programm: normal
Brot/Teigtyp: Teig

Zubereitung

1 Bereiten Sie den Teig im Brotbackautomaten zu. Den Teig aus der Maschine nehmen und auf einer bemehlten Arbeitsfläche durchkneten. Den Teig in zwei Portionen teilen.

2 Jede Teigportion nochmals durchkneten und zu länglichen, flachen Broten formen.

3 Die beiden »dicken Brotstangen« auf ein mit Olivenöl ausgepinseltes Backblech legen. In den vorgeheizten Ofen schieben und bei 200 °C (Umluft 180 °C) in etwa 30 Minuten knusprig backen.

Zur Ciabatta passen: italienische Gaumenfreuden wie Antipasti von luftgetrocknetem Schinken bis zu eingelegten Artischocken und natürlich Wein aus der Toskana.

Gerstenpizzateig

Für eingeschworene »Gesundheitsapostel« wird in diesem Teig eine Mischung aus Weizenmehl und Gerstenflocken verwendet und mit Ahornsirup gesüßt.

Zutaten

1 Päckchen Trockenhefe
300 g Weizenmehl Type 550
200 g Gerstenflocken mit 300 ml kochendem Wasser verrührt und abgekühlt
3 EL lauwarme Milch
1 EL Ahornsirup, 1 TL Salz

Zum Belegen: Nach Wahl
Programm: Normal
Brot/Teigtyp: Teig

Zubereitung

1 Den fertigen Teig aus dem Brotbackautomaten nehmen und auf einer bemehlten Arbeitsfläche einige Male durchkneten.

2 Den Teig entweder in vier Pizzen à ca. 18 Zentimeter Durchmesser oder auf Backblechgröße auswellen. Das Backblech mit Olivenöl bepinseln und den Teig darauf geben. Die Ränder seitlich etwas hochformen.

3 Die Pizzen im vorgeheizten Backofen bei 220° C auf der mittleren Schiene in etwa 40 Minuten backen.

Zu diesem Teig passt am besten ein Belag aus viel Käse und Gemüse.

Fladenbrot

Frisch aus dem Ofen – welch ein Genuss, das duftende warme Brot aufzureißen!

Zutaten

1 Päckchen Trockenhefe
500 g Weizenmehl Type 405
1 Prise Zucker
200 ml lauwarmes Wasser
4 EL Olivenöl
1 1/2 TL Salz
Zum Bestreichen und Belegen:
3 EL Olivenöl
1 EL Kreuzkümmel

Programm: normal
Brot/Teigtyp: Teig

Zubereitung

1 Den fertigen Teig aus dem Brotbackautomaten nehmen und auf einer bemehlten Arbeitsfläche kneten.

2 Den Teig in 2 Portionen teilen und längliche Fladen formen. In die Teigoberfläche längs und quer Rillen eindrücken, dabei die Teigränder hochziehen. Die Fladen mit restlichem Olivenöl bepinseln, mit Kreuzkümmel bestreuen und 15 Minuten ruhen lassen. Im Backofen bei 220 °C 20 Minuten backen lassen.

Das Olivenöl im Teig und auf der Oberfläche des Brots vermittelt mediterranen Flair.

Das Fladenbrot ist ein idealer Begleiter für orientalische und mediterrane Köstlichkeiten mit viel Knoblauch, Olivenöl und herzfafter Würze.

Impressum

Redaktion:
Margit Brand

Projektleitung:
Karin Stuhldreier

Redaktionsleitung:
Dr. Reinhard Pietsch

Bildredaktion:
Sabine Kestler

Produktion:
Manfred Metzger, Annette Aatz

Umschlag:
Till Eiden

Layout:
Reinhard Soll, Veronika Moga

DTP/Satz:
Veronika Moga

Druck:
Weber Offset, München

Bindung:
R. Oldenbourg, München

Printed in Germany

Gedruckt auf chlor- und säurearmem Papier

ISBN 3-7787-5000-3

Über die Autorinnen

Rose Marie Donhauser absolvierte drei gastronomische Ausbildungen, u.a. als Köchin im Hilton Hotel München. Seit 1988 arbeitet sie erfolgreich als Foodjournalistin und hat bereits zahlreiche praxisorientierte Kochbücher veröffentlicht. Seit 1997 ist sie Mitglied im renommierten Food Editor Club.

Gitta Eckert entdeckte vor einiger Zeit den Brotbackautomaten. Seitdem gibt es bei ihr täglich frisches Brot für die Familie.

Bildnachweis

Alle Bilder stammen von Dirk Albrecht, Meinerzhagen mit Ausnahme von:
Bavaria, Gauting/München: 4 (VCL); gettyone Stone, München: 11 (James Darrel); photonica, Hamburg: Vorsatz/Nachsatz (Neo Vision), 1 (Barry Yee), 6 (Kaz Chiba), 8 (Kazuo Ogawa); Südwest Verlag, München: 43 (Michael Holz), Freisteller

Hinweis für unsere Leser

Alle Empfehlungen in diesem Buch wurden mit der größtmöglichen Sorgfalt zusammengestellt. Dennoch ist eine Haftung von Autoren, Produzent und Verlag für Schäden aus der Anwendung der hier erteilten Ratschläge ausgeschlossen.

Danksagung

Wir danken der Firma Panasonic Deutschland GmbH für die freundliche Unterstützung.

Sachregister

A
Abkühlphase
– des Brots 10
– des Geräts 10f., 39
Anis 13

B
Backofen 86ff.
Backvorbereitungen 8f.
Beifuß 13
Bolognese Sauce 13
Bräunung 11
Brot anschneiden 10
Brotbackautomat, optimaler Gebrauch 10f.
Brotgrößen 7, 13, 39
Brotmesser 10

C
Capsaicin 11
Champignons 13
Chili 11
Ciabattateig 87

D
Dillkraut 13

E
Einfrieren 7, 10
Eiweißerschließung 7
Ernährungsbewusstsein 4f.
Estragon 13

F
Fenchelsamen 87
Fladenbrot 87
Flüssigkeit 9, 77
Fondor 61
Form reinigen 10

G
Garnelen 11
Geschmackskombinationen, neue 39, 61
Gewürze 13, 87
Gourmetbrote 61ff.

H
Hefe 7f.
Hefeteig 87
Herbes de Provence 13

I
Ingwer 13

K
Käse 11, 13
Kinder und Brotbacken 13
Knethaken 9f.
Kräuter 11, 39, 87
Kuchenexperimente 77ff.

L
Liköre 77

M
Meeresfrüchte 13
Mehl(sorten) 9, 11, 77
– Typenbezeichnung 11
Mehl-Flüssigkeits-Verhältnis 9
Messbecher 8
Muskatblüte 87

N
Nadeltest 77

O
Olivenöl 87

P
Panasonic SD251 (Brotbackmaschine) 5, 7
Paprika edelsüß 87
Peperoni 13
Petersilie, pürierte 87
Pizzagewürz 13
Programmierbarkeit 11
Proseccobrot 61

R
Rahmspinat 61
Roggenbrot 11, 13
Rucola 11
Rührteige 77

S
Säfte, alkoholfreie 77
Salat 11
Salz 9
Sauerteigzusatz 7

Schinken 13
Schwarzkümmel 87
Senfkörner 87
Süßungsmittel 77

T

Trockenhefe 7ff.

V

Vollkornmehl 7
Vollwertbrot 11
Vorratshaltung 7, 10

W

Weizenbrot 11
Weizenmehlallergie 5, 87
Weizenmehlbrote 10
Wiegemesser 9
Würstchen 13
Würzzutaten 9, 77

Z

Zeitfaktor 11
Zitronensaft 87
Zöliakie 5
Zutaten(liste) 5, 9, 11, 13

Brot- und Kuchenrezepte

A

Ajvarbrot 21
Apfel-Speck-Brot 18

B

Blubb-Brot, grünes 62

C

Caros Zuckerrübenbrot mit Banane 69
Chilibrot mit Aprikosen 74
Ciabatta mit Oregano 89f.
Cornflakesbrot mit Gelüsten 70

D

Diätbrot mit Leinsamen 32
Dinkelbrot mit Artischocken 66

F

Fladenbrot 90f.
Fondorbrot à la Heide 64
Fonduebrot mit Brühe 28
Früchteteebrot mit Kokos 73
Frühstücksbrot, glutenfreies 34

G

Gerstenpizzateig 90

H

Hollandske Kaas-Weinbrot 59
Husumer Krabbenbrot 50

K

Kartoffelbrot, scharfes, mit grünem Pfeffer 23
Kefir-Gurken-Brot 65
Ketchupbrot für Tini 43
Kichererbsenbrot mit Kreuzkümmel 14
Knofelbrot mit Oregano 53
Kohlbrot mit Sahne 24
Kuchen
– Amarettokuchen mit Marzipan 82f.
– Baileys-Kuchen mit Nutella 78
– Caipirinha-Kuchen à la Tom 79
– Eierlikörkuchen mit Haselnüssen 83
– Glutenfreier Maiskuchen mit Whiskeyfahne 85
– Kirschkuchen à la Macarena 84
– Rotweinkuchen mit Granatapfelkernen 81
– Schokiger Pfefferminzkuchen 82
– Tiramisu-Kuchen 80

M

Maggi-Kult-Brot mit Suppengemüse 63
Mischbrot mit Kräutercroûtons 52
Müslibrot mit Ballaststoffen 29

N

Nohrs Schwarzbrot mit Körnermischung 27

Norweger-Lachsbrot 58
Nutellabrot mit Krokant 67

P

Prosecco-Brot mit Parma 68

O

Orangen-Schinken-Honigbrot 15

P

Parmesanbrot mit Italokräutern 75
Pestobrot 20
Petersilien-Zitronen-Brot 40
Pfirsichbrot mit Safran 44
Pistazien-Huhn-Brot 45
Pizzabrot mit Champignons 49
Pizzateig, glutenfreier 89

Q

Quarkbrot
– mit Frühlings-zwiebeln 31
– mit Mais und Erbsen 57
Quinoabrot, südameri-kanisches 72

R

Roggenbrot nach Oma Lene 36
Rosinchen 35
Röstzwiebelbrot mit Bier 19
Rucolabrot mit Walnüssen 25

S

Sahnehörnchen, glutenfreie 88
Salamibrot mit Silber-zwiebeln 16
Sauerteig, selbst gemachter 7f.
Schafskäse-Oliven-Brot 51
Schmandbrot mit Kreuz-kümmel 54
Schnittlauchbrot mit Sesam 30
Sechskornbrot mit Hüttenkäse 26
Senfkörnerbrot mit Schinken 48
Sherry-Oliven-Brot 46
Simple Low-Fat-Brot 47
Sonnenblumenbrot mit Käse 22

T

Tapenadebrot mit Oliven 56
Texasbrot mit Seasoning Mix 42
Tomatenbrot mit Kräutern 17

V

Vollkornbrot
– glutenfreies 33
– mit getrockneten Tomaten 71

W

Wohlfühlbrot 37

Weitere Rezepte

A

Aprikosenchutney mit Pfirsichbrot 44

B

Bagna Cauda (Italienisches Gemüsebad) 49
Bananenquark, nussiger 29
Birnen
– gratinierte, auf Rosinchen 35
– mit Käsecreme auf Früchteteebrot 73
Bohnengemüse 16
Brotmus, toskanisches 20

C

Caesar's Salat 22
Currysuppe mit Mandeln 31

E

Erdbeermascarpone mit Zuckerbröseln 69

F

Fetakäsecreme 17
Frühstücksbrote, überbackene 34

G

Gemüse

– buntes, aus dem Wok 45
– vom Blech 72

Gemüseauflauf mit Vollkornkrusteln 71

Gittas Brotaufstrich 25

Guacamole von Tom 42

Gulaschsuppe 23

Gurkenaufstrich 30

Gurkensalat mit Norweger-Lachsbrötchen 58

H

Hähnchen-Maisburger 74

K

Kaaspott aus Holland 28, 59

Kartoffelsuppe mit Maggibrot 63

Käsefondue, rotes, mit Fondorbrot 64

Kräuteraufstrich mit Käse 52

L

Lachs in der Folie 40f.

Lachstartar, einfaches 57

Lammhackfleisch-Eintopf, arabischer 54f.

Liptauer 15

M

Matjessalat, gelber, mit Äpfeln 50

Mayo, grüne 53

P

Paprikasuppe, gelbe 65

Peperonata aus Sizilien 75

Pfannengeschnetzeltes

nach Gyrosart 51

Proseccobrot, überbackenes 68

Q

Quark, selbst gemachter 47

R

Ramequin mit Kohlbrot 24

Ratatouille 56

Räucherfisch mit Kräutern 27

Roggenbrote, überbackene 36

Romanasalat, spanischer 46

Rosinenjoghurt 70

Röstzwiebel-frikadellen 19

S

Salat mit Pute und Brotstäbchen 66

Sauerkraut mit Kasseler 48

Sauerkrautaufstrich 21

Schinkencreme 62

Schokosahne-plätzchen 67

Sesamaufstrich mit Joghurt 14

T

Tomatensuppe mit Gin 26

V

Vollkornritter, zuckersüße 33

W

Walnussbutter mit Schinken 18

Wirsingsuppe »Bauch weg« 32

Wohlfühlbrot nach Hawaiiart 37

Z

Ziegenkäsepfanne mit Gemüsen 43